秋田藩の用語解説

半田和彦 著

秋田藩の用語解説●目次

あ行

伊《い》勢《せ》の御《おん》師《し》・三日市《みっかいち》大夫《たゆう》と久保倉《くぼくら》大夫《たゆう》〔宗教〕

特定の寺社に所属して全国から参詣者を案内し、祈祷や宿泊などの世話をする人を御師《おし》と言う。熊野、伊勢、白山などの御師が特に活発であったがその中でも伊勢神宮の御師を**御師《おんし》**と呼び藩制期秋田藩の領内で活動していた。伊勢の御師は、①諸国からの参詣者を自分の邸宅に宿泊させる。②彼らの私邸で祈祷や神楽を執り行う。③参拝や内宮《ないぐう》・外宮《げぐう》の案内をする。以上大きく分けて三点の仕事をするため多数の手代を使っていた。参詣者はこれらの世話に対して初穂料や神楽料を供えた。

御師の数は正徳年間（一七一一〜一六）で外宮（山田）で五〇四家、内宮（宇治）で二四一家あり、それぞれが慣例的に固定した檀那の地域を持っていた。御師はこれらの地域に年一回手代を派遣し民衆と神宮との仲介をしていた。人々は伊勢講を組織し御師の廻村へは馬や宿舎（伊勢宿と言う）を提供した。これまで秋田では信者の側からの記録、すなわち「伊勢参宮日記」等を材料に旅行記録として取扱うことが多く、廻村する御師を藩権力との関係で分析した研究は見られていない。『国典類抄』賓部に「久保倉、三日市等取扱之事」の項がある。これによると、

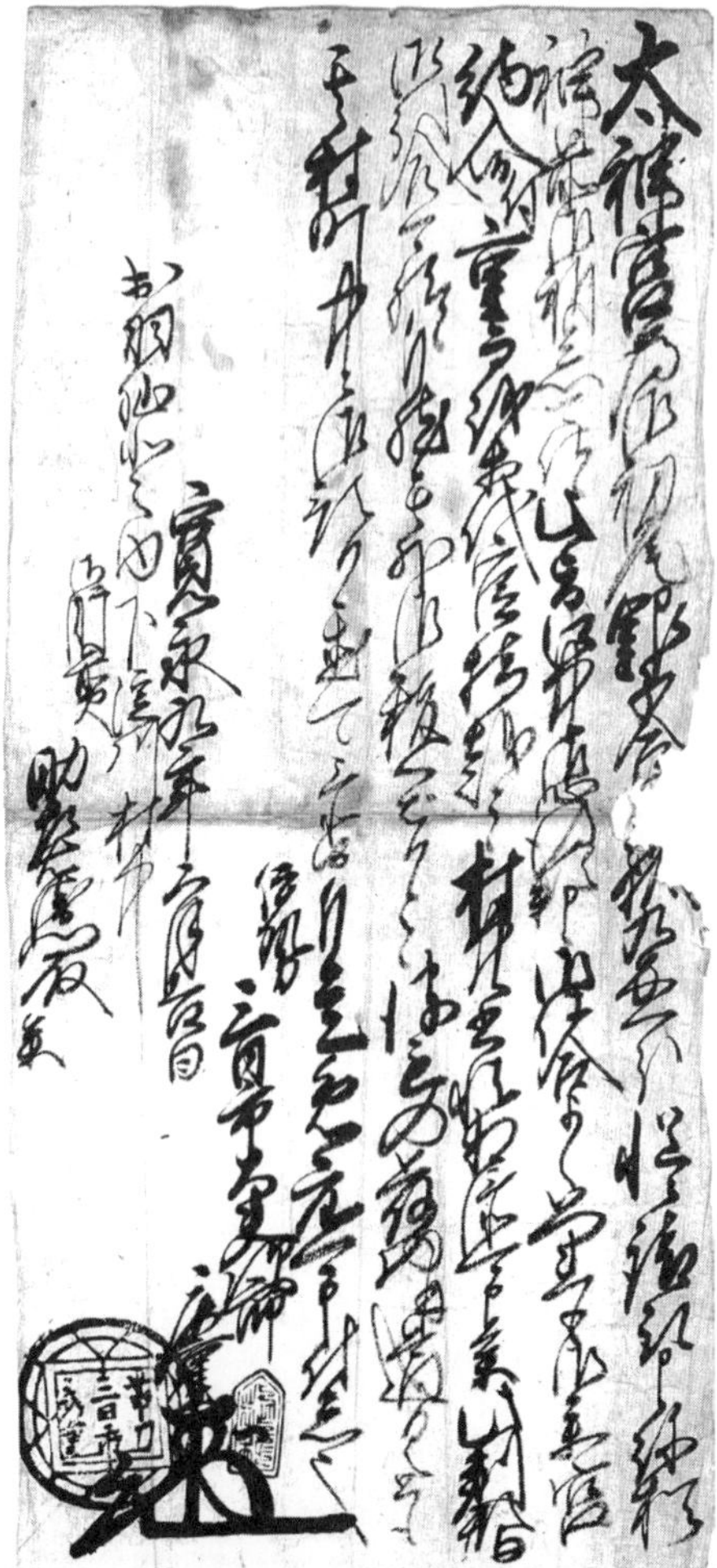

図１　下淀川村武藤助左衛門家文書 54
寛永９年　伊勢御師　三日市太夫次郎発行
伊勢神宮への初尾（＝初穂）銀受取証文

結論的に見れば武士への祈祷は**久保倉太夫**が扱い、領内の町や村へのそれは**三日市太夫**扱いであった。

秋田領内に関わる御師は久保倉太夫と三日市太夫の二家で、双方が入り乱れた活動を展開したため紛争が数回発生し最終的には二家の間で活動の住み分け（通俗的表現を借りれば〝縄張り〟）が確定した。双方で協定が成立するまでに以下のように三回の対立が見られた。

第一回対立：延宝二年（一六七四）五月二六日の証文から

⑴佐竹右京太夫殿へは三日市千代松は今後御祓はしない。

⑵同じく佐竹一門の方にも千代松方より御祓はしない。

⑶しかし、家中衆へは双方が旦那を持つのは「出生次第事」。すなわち自由とする。

立会青木主水のもと久保倉右近と三日市千代松との間で以上のような協定がなされた。この協定により佐竹宗家と一門への御祓は久保倉太夫が支配し、その他の武士へは双方自由勝手とするものであったことがわかる。

第二回対立：延宝三年一月七日の証文

⑴久保倉太夫は常州よりの御太夫にて、屋形様其外侍中江御祓差上候として藩主とその一門の他、全給人への御祓も久保倉太夫が支配とする。

⑵三日市太夫は「出羽・奥州之太夫ニ而町之者ニ斗御祓引候」として三日市太夫次郎は武家への御祓は実施しない。しかし、領内民衆への御祓は独占的に三日市太夫次郎が支配する。

以上、前回から変更されたのは武家は久保倉太夫、それ以外の人々は三日市太夫と明確に区分したことである。

第三回対立：享保十四年（一七二九）〜十八年二月の証文

⑴享保十八年、秋田藩の江戸御堀浚御手伝の折に三日市太夫がその任務の成功を祓った。

(2)その直後、久保倉太夫から御祓したいとの希望があり、実施してもらった。
(3)久保倉側から延宝二年の証文を示して違反を追求したところ
(4)三日市太夫の家来の中西作左衛門は延宝二年の協定を失念していたようだ。
(5)今後、三日市太夫家は延宝の協定通り佐竹家には御祓は実施しない。
以上、三回の対立の後、享保十九年七月十一日の証文で
(1)享保十二年頃から三日市太夫次郎家は右京太夫に御祓を行っていたが
(2)伊勢山田の惣師仲間の障になるので以後三日市太夫は武士への御祓は「御断申上候」となり一件落着となった。

よって、武家の日記には久保倉太夫関係の記事しか載っていない。

『渋江和光日記』文政三年一月十一日の条に
「伊勢久保倉名代へ、明日十三日、五ツ半時御祓拝礼致候段……」とある。

一方、町村の記録には三日市太夫次郎家のことしか載っていない。

『大雄村史』の中の「田村郷日記」によれば寛政二年八月、伊勢御祓御初尾、早速奉納の事とあり三日市太夫次郎名代よりとある。

『六野燭談』より

寛永二十一年、正保、慶安、明暦、寛文、延宝、三日市太夫次郎の定宿は六郷の嘉羽氏とある。

『上肴町記録』宝永七年七月の条に

「同七月比ニ、伊勢三ヶ市太夫次郎殿より中西六左衛門殿被申候ハ、伊勢ニ而代々講始メ申候、就其領内御頼ニ被成候故、我等丁内ニ而も望之者人数ニ罷成候、但壱人ニ付銀弐匁ツヽ指上ケ申候」とあり久保田城下の外町に伊勢講開催の連絡と募金依頼の来ていることがわかる。

次に今わかる当時の旅日記の中から伊勢参宮の折、三日市太夫宅に宿泊した例として文政十年（一八二七）五月二十七日に山田到着の菅原源八による「上方詣り・携行日誌」がある。「三日市太夫様江着。座ニすわり候得ば中西様御出被成候……」とあり、寝具は絹布で御膳は言葉に尽がたき料理で御神楽も催されている。山田での経費は一両三分二朱と銭で四五九文かかったとある。

旧雄和町の錠田村の那須与次右衛門が書き残した天明二年（一七八二）の「鹿嶋・伊勢道中記」および秋田藩領ではないが亀田藩領長坂村の肝煎伊藤重五郎の同じ年の『参宮旅日記』（『北方風土』41・42・43号）、本荘藩の女性の旅日記、文久二年（一八六二）『参宮道中諸用記』（『本荘市史』資料編Ⅳ）などで山田での宿泊と世話はすべて三日市太夫次郎と記録されている。このことから享保十九年七月に久保倉太夫が武家を三日市太夫が出羽の民衆を担当すると定めた住み分け通りに実行されていたようだ。

打直検地《うちなおしけんち》

〔地方知行制（農村と武士との関わり）〕

秋田藩では藩政初期に領内統一検地を三回実施した。第一回を**先竿**《さきざお》と言い、入部直後の慶長七～八年（一六〇二～〇三）であった。それから一〇年後の慶長十九年（一六一四）、入部後一〇年間での新田開発の確認と当高制の実施を含んだ**中竿**《なかざお》検地が実施された。厳しい検地であったため村での疲弊が深刻になったことなどから中竿検地の是正が図られ正保三～慶安元年（一六四六～四八）にかけて最後の惣検地である**後竿**《あとざお》検地が実施された。

これ以降、村に今も残る検地帳は小規模な新田開発を対象としたものが多い。そのような中にあって一村単位で村の全耕地が再度検地される事例が宝暦期（一七五一～六三）以降多くなる。この種の検地を**打直検地**と言っている（「**平均御竿**」とも言う）。

打直は村からの請願によって藩が再検地を行う訳だがそこには村が打直を求める理由がある。当時、村高は後竿検地で確定された高を基準としており、その村高を前提に年貢・小役銀・五斗米代銀等の納入を細かく規定した「黒印御定書」（表1参照）上の数値が決められていた。ところが川欠（洪水等で耕地が削り取られること）、山崩、荒地、そして用水や採草地

表１　黒印御定書の内容

箇条	内容区分	区分	分類	規定内容
1	貢租	共通	物成	六ツ成高100石に物成60石
2	貢租	共通	升	半の升、非分の者には処分あり
3	貢租	共通	口米	物成60石に１石２斗
4	貢租	共通	藁草	物成60石に６尺結縄130丸、作り指示あり
5	貢租	共通	糠	物成60石に５斗入30俵
6	貢租	蔵入の村	人足	必要なだけ、扶持として１人１日１升５合、年貢納入時に勘定、釜木・夏萱・雪垣も同じ
7	貢租	蔵入の村	人足	必要なだけ、１疋に付口付１人、扶持として米２升を年貢納入時に勘定
8	貢租	蔵入の村	馬	１ヵ年に236人、１人１日１升、200人は春垣・夏垣・冬垣・釜木、36人は入用次第
9	貢租	蔵入の村	馬	六ツ成高100石に１ヵ年馬30疋、１疋に付口付１人、扶持として米２升
10	貢租	蔵入の村	詰夫	六ツ成高100石に１人
11	貢租	蔵入の村	江戸夫	給人江戸詰の時、六ツ成高100石に１人、扶持５石、半年詰は２石５斗
12	貢租	蔵入の村	人足仕	六ツ成高100石に１ヵ年30人
13	貢租	蔵入の村	肝煎免	物成米100石に２斗、200石に３石、それ以上は100石に５斗加算、物成皆済時勘定
14	貢租	共通	肝煎人足仕	百姓家１軒に１ヵ年人足４人
15	貢租	共通	肝煎人足仕	新田の肝煎は新田百姓家１軒に付１年に人足４人、本田の肝煎新田新田百姓家１軒に人足２人、本田と新田を作る百姓家１軒に付人足４人、新田肝煎人足２人を使役
16	貢租	共通	肝煎夫伝馬	六ツ成高20石まで夫伝馬人足出さず、20石以上は百姓と同じ扱い
17	貢租	共通	山川野役	定めの蔵に納入
18	貢租	共通	堤関普請	１村の蔵入本田・新田は総百姓が出る、給人の新田は正保・慶安年中の検地分は本田と同じ、それ以後の新田は、水掛かり田の百姓のみ人足として出る
19	貢租	共通	欠落百姓	物成・小役銀は村の責任で皆納、欠落百姓の田畑は村の責任で作る
20	貢租	共通	新開の帰属	蔵入本田の水で延宝２年以後開墾した給人新田は蔵入地とする
21	貢租	共通	用水の制限	蔵入本田の水に給人新田の水を加水し取水は禁止
22	百姓規制	共通	礼銭	地頭・代官への礼銭は百姓の気持ち次第
23	百姓規制	共通	奢侈禁止	奢侈を禁止し、農業に専念し、身代を保つように心懸け、油断しない
24	百姓規制	共通	百姓帰し	百姓が検地の時いた当時の帳面に従い帰す、ただし地頭・代官から暇をもらった百姓は特別に扱う
25	百姓規制	共通	非分の措置	蔵入の代官、給分の地頭、公用の者、非分の儀は必ず公表する
26	百姓規制	共通	不孝	不孝を働いた百姓は、厳科に処する
27	百姓規制	共通	屋作の制限	肝煎は身分不相応の屋作をしてはいけない。街道筋の家で他の人々への宿を営む場合は許す
28	百姓規制	共通	衣類の制限	江戸からの法令のとおりにする
29	百姓規制	共通	芝居人規制	在郷には一切置いて興行させてはいけない
30	百姓規制	共通	冠婚葬祭	百姓に不似合いの企てをしてはならない
31	百姓規制	共通	道中関係	往還の旅人に迷惑をかけず、夫伝馬を滞りなく出し、駄賃・木賃は制札のとおりに取るように

（『横手市史』通史編近世より転載）

不足による地力の低下などにより村高が後竿時の帳面上の数値より減少することが多かった。村人が実態に応じた貢租量を求めるのは極く自然のことであった。そのため村は代官や給人たちに執拗に再検地の実施を求める請願を推し進めた。藩が村人の要求に応じて打直検地を認めることは一般的に見て村高の減少に結び付くことが多く当然のことではあるが諸貢租量の減少に繋がるため要求を認めることには消極的であった。そこで村人と連動する形で給人たちから打直実施の要求が続くと遂に藩は重い腰をあげることになる。打直検地が実施された仙北郡土川の今泉村の場合を見ると村高は表2のとおりであるが、打直直前の明和時川欠、捨り高が合計三五・二二三あり、村高の一〇・六%余りが実態としては生産不可能な高であった。

村情が厳しいとの陳情が宝暦元年（一七五一）に肝煎から出された。「乍恐以口上書奉願上候御事」（小笠原文書239）によると宝暦元年当時高三三〇・八二九の内、荒・川欠・捨り高が三一・〇二三ある。その内、給分二九一・三六一の内二五・一四五が惣地頭様中より御宥赦高となり貢租対象外として免除されていた。村は苦しく家数は以前四五軒あったが三三軒に減少した。村が存続できるよう打直を実施してほしいとの願い出であった。

請願先は不明であるが、このような動きを察知した藩は翌二年の正月、肝煎多右衛門に永年の肝煎役の勤めと、苦しい中御救米を求めず年貢の未進も

表2　今泉村の村高の推移

先竿（慶長8年）	293石662
中竿（慶長19年）	362.306
後竿（正保4年）	287.621
享保19年（1734）	321.891
明和2年（1765）	331.979

無く努力した功として調銭五貫文、長百姓六人に同様の内容で一人一貫文合計六貫文の褒美が家老真壁掃部助名で御金蔵衆から与えられた。明らかに藩による懐柔策と言えるだろう。しかし、宝暦二年七月村から代官加藤主税宛に打直検地実施の請願が出された。それからしばらく動きは静かであったが宝暦十三年(一七六三)十二月、今泉村に知行地を持つ地頭総員一一名(福原彦太夫、明和二年分限高四九一石余、田中勘兵衛七五八石余、石塚源一郎一六六一石余等の大身給人を含む)が「惣地頭中も相談仕、郷人願之通竿被入置候様」とあるとおり藩に対して「高免地詰り」と「地形入組御百姓至極及困窮ニ」との理由で打直の実施を求める新たな展開に発展する。

打直の実施は給人たちの知行地高を減少させることが当然予想される中、給人たちが自ら打直を求める行動に不自然さが残るように見えるが、実は給人たちにとっても打直後の実利をねらった動きとも考えられる。それは次のような理由による。前述したように給人たちは村人との交渉の中で貢租対象としない宥赦高が給分高の八・六%に相当する二五・一四五もあった。

ところが享保四年（一七一九）以前は軍役や差上高（本書115頁参照）は本知（御判紙高）を基準として課せられたから実態とかけ離れた知行高に固執するよりはむしろ打直で減少した分（打減り《うちべ》）や免の修正による減収（免減り《めんべ》）を藩が一定割合で補償する代知政策（享保十一年以降実施された）で安定した確実な年貢を確保できるからだと考えられる（代知については本

書192頁参照）。

打直検地の経費の試算

明和元年八月、村では打直検地の実施に備え検地役人を迎えるため、どの程度の費用が必要か試算している。

水風呂、水桶、小たらい、大豆二斗、畳代、下駄、御膳五人前、タケノコ一〇把、ケラ五人分、スダレ五枚、買物の人夫賃

などで総額八五貫九八八文としている。当時、銀一匁が銭六五文であったから銀一貫三二二匁に相当する。明和四年時、『雄物川町史』によると一石＝銀四八匁とあるから費用を米に直すと二七石五四一となり村高二九七石の九・三％に相当する莫大な金額であった。これほどの費用をかけても打直を実施した方が村の利益になると村人は考えていたことになる。

打直検地の実施

明和二年六月十二日から廿五日、打口（検地役人のこと）五人で宝暦元年十二月に肝煎多右衛門が村状況を訴えてから一四年後、遂に実施された打直検地の結果は表3のようである。

表3　打直検地後の今泉村

村当高	184石307（実施前　331.979）
免	6ツ成　160.304（享保14年時　6ツ3歩）
	4ツ7歩　12.442（　〃　5ツ　）
	3ツ5歩　11.561（　〃　4ツ　）

村当高で以前の五五・六％に減少し、免においてもすべての部分で免が低く

査定された。

検地実施中、村で出した食事の献立が残っている。六月十三日、一日の内容は次のようだ。

《朝食》

皿　あら切やき　御汁　細とうふ、な

平　あんかけなすび　すりせうか（すりしょうがのことか）

御めし　五升　　かうの物

御ちや　御くわし　ちやのこ（きのこか）

喜助より

《御昼》

酒入　とうふ、にしめ、御めし

平とうふ、こほう、山いも

香のもの

《夕食》

酒　引うり　あわび　舞たけ

汁　塩鳥、こほうせん　生とうふ

あえもの　なすひ、猪口、かんぴよう

御めし五升　きうりつけ　御くわし　御ちゃ
《同日○たん》
小皿　梅干　花かつ　干うとん　猪口
しほり　こせうかみ　坊立すまし
酒肴五品

重荷となった費用の負担

実際に打直検地すべての事業にかかった費用は、春以来の大工や木引への支払や御下衆への祝代を含めて一七九貫五一五文（一両＝銭六貫文の計算で金三〇両）となり、以前村で試算した八五貫文余りの二倍を超える巨額なものになっていた。村では検地実施前の明和二年三月「御竿御用郷中申合連判帳」なるものを作り、その中で「一、右御竿御用ニ付諸入用之諸品米銭共ニ何方より成共御借出し御用無滞相勤り申候様ニ何分郷中ニ而御才覚被成下度済可仕候、返済之儀ハ当秋中元利共ニ急度返済可仕候、万一相済兼申候者有之候ハゞ御吟味之上面々持高家財人馬成共銭高ニ応し郷中江急度差出し可申候……」とあるように多額の費用が予想されるから個人で用意出来るものはすべて提供したり縁者から借用してでも無事に検地が終えるように努力しなければならないと決意している。借金の部分については

米　三斗入一二〇俵　　利息四割

内　七〇俵　半道寺村修験大峯坊より
内　五〇俵　刈和野村より
調銭　五〇貫文　利息　（空白となっている）
内　三〇貫文　角館より
内　二〇貫文　当村玉洞院寺建立本立之内より

とあるとおり周辺の村々と修験や寺院からの借用が中心であったようだ。村ではこれらの借金を当秋の収穫の後返済するが、持高に応じた割り当ての返済額が支払えない場合は持高、家財道具、はては人馬を売ってでも返済すると「御中肝煎長百姓小百姓共ニ申合連判如件」との文面で三二人の名前と印が押されて同史料は終っている。同年十月十三日の「御竿御用惣差引割付帳」（同家文書706）によると惣銭は一九七貫〇一二文で、その割付額は元高割で九七貫八〇〇文を支払うので持高一〇石につき三貫三〇〇文、減高割で九九貫二一二文を支払うので減高一〇石につき八八六文とある。ちなみに肝煎多右衛門の支払額は

元割高で　一五貫四一九文
減高割で　一一貫五七〇文
合計　二六貫九八九文

となっている。打直以後の同家史料で村人のその後の動向を見ると、明和五年、返済できない

表4　打直検地実施村（年代別）

元号	西暦	（郡）実施村名
延宝元	1673	（仙）高関下郷
2	1674	
3	1675	
4	1676	（平）大塚
5	1677	（秋）下樋口
6	1678	（秋）金川、船川、南平沢、増川
7	1679	
8	1680	（秋）房沢
天和元	1681	
2	1682	（山）外岡
3	1683	
貞享元	1684	（山）下岩川
2	1685	
3	1686	
4	1687	
元禄元	1688	
2	1689	
3	1690	
4	1691	
5	1692	
6	1693	
7	1694	
8	1695	
9	1696	
10	1697	
11	1698	
12	1699	
13	1700	
14	1701	
15	1702	
16	1703	
宝永元	1704	（秋）片山
2	1705	
3	1706	
4	1707	
5	1708	
6	1709	
7	1710	
正徳元	1711	（秋）品類
正徳2	1712	
3	1713	（秋）女川
正徳4	1714	（秋）琴川、（仙）払田、（雄）岩井川
5	1715	（平）亀田
享保元	1716	
2	1717	（秋）飯森
3	1718	（仙）鑓見内
4	1719	
5	1720	
6	1721	
7	1722	
8	1723	
9	1724	（秋）福米沢
10	1725	（秋）早口、鵜木、木内
11	1726	（秋）大倉、毘沙門、田谷沢、（平）馬鞍
12	1727	（秋）浦横町
13	1728	（山）外岡
14	1729	
15	1720	（平）杉沢
16	1731	
17	1732	
18	1733	この年より打直検地中止（改革により）
19	1734	
20	1735	
元文元	1736	
2	1737	
3	1738	
4	1739	
5	1740	（秋）黒崎
寛保元	1741	
2	1742	
3	1743	
延享元	1744	
2	1745	
3	1746	（秋）真山
4	1747	
寛延元	1748	
2	1749	（河）岩見
3	1750	（仙）中淀川、金沢西根
宝暦元	1751	（山）比井野、薄井（仙）横堀、簗場新田（平）上境、（雄）成沢

元号	西暦	（郡）実施村名
宝暦2	1752	（秋）滝川、黒沢、早口、（仙）仙屋、（河）豊巻 （平）見入野、増田、上吉田、（山）金光寺
3	1753	（秋）野石、水口、独鈷、（山）落合、向能代、太平黒沢 （河）田草川、（仙）金沢中野、板見内、岩野町
4	1754	（秋）脇本、湯本、相川、（仙）四ツ屋、（雄）西馬音内前郷
5	1755	（秋）野村、北浦、安善寺、滝川、（河）女米木、戸賀沢 （仙）上荒井、野中、（平）黒川、（山）大沢
6	1756	（秋）飯村
7	1757	（平）樽見内
8	1758	（秋）中野、（雄）山田
9	1759	（雄）床舞
10	1760	
11	1761	（仙）高関下郷、上郷、（秋）上蛇川
12	1727	（秋）大館町、（雄）西馬音内城回
13	1763	（秋）飛根、鶴形、（河）赤平、（仙）桧木内、玉川、谷地乙森、（雄）松岡
明和元	1764	（秋）上杉、大子内、濁川、下刈、（仙）金沢前郷、金沢寺田、 （平）植田、真木、（雄）杉宮、（山）浅内、（河）小山
2	1765	（秋）角間崎、払戸、（仙）今泉、（河）高岡、（平）上吉田 （雄）湯沢、三又、上・下郡山
3	1766	（秋）井内、船越、八木橋（仙）小勝田、斎内、（山）鹿渡、（平）二井田
4	1767	（秋）桂瀬、蒲田、寄延、（山）石川、（仙）本堂城廻、羽見内、（平）八幡
5	1768	
6	1769	
7	1770	
8	1771	
安永元	1772	
2	1773	
3	1774	
4	1775	（秋）大林、沖田面、南沢
5	1776	（平）醍醐
6	1777	（仙）中田新田
7	1778	
8	1779	
9	1780	（仙）小神成、（平）下八丁、静町
天明元	1781	
2	1782	（河）北野田高屋
3	1783	
4	1784	
5	1785	（仙）金沢東根、（平）横手町
6	1786	（河）柳館、（仙）西長野、（平）石成
7	1787	（仙）戸地谷、東川、（雄）岩崎、二井田
8	1788	

元号	西暦	（郡）実施村名
寛政元	1789	（仙）飯詰、金鐙 （山）川戸河、（雄）金屋
2	1790	（秋）山田、本城、天王、福川、大崎（河）船岡 （仙）大曲西根、蛭川
3	1791	（秋）本宮、杉沢、寺中堀内、（河）小阿地 （仙）心像、安城寺、野田、椿、野中、金沢西根 （雄）大倉、（山）寒川
4	1792	（秋）岡井戸、上樋口、片山、（平）醍醐 （雄）床舞、糠塚、柳田 （山）矢坂
5	1793	（秋）船橋
6	1794	
7	1795	（秋）台島、（平）別名
8	1796	（平）今泉
9	1797	
10	1798	
11	1799	
12	1800	
享和元	1801	
2	1802	
3	1803	（秋）仁井田
文化元	1804	
2	1805	（山）森岳
3	1806	
4	1807	
5	1808	
6	1809	
7	1810	（秋）樽沢、百川 （仙）六郷東根、鑓田
8	1811	
9	1812	
10	1813	
11	1814	
12	1815	
13	1816	
14	1817	
文政元	1818	
2	1819	（秋）泉
3	1820	

元号	西暦	（郡）実施村名
文政4	1821	（平）杉目
5	1822	
6	1823	
7	1824	（河）三内、（平）住吉荒田目
8	1825	
9	1826	（山）種
10	1827	（平）山内
11	1828	（平）柏木
12	1829	
天保元	1830	
2	1831	
3	1832	
4	1833	
5	1834	
6	1835	
7	1836	
8	1837	
9	1838	
10	1839	
11	1840	
12	1841	（秋）川尻
天保13	1842	
14	1843	
弘化元	1844	
2	1845	（仙）外小友、（平）沼館
3	1846	
4	1847	
嘉永元	1848	（雄）角間
2	1849	
3	1850	（仙）六郷東根
4	1851	
5	1852	
6	1853	
安政元	1854	
2	1855	
3	1856	（仙）中野
4	1857	
5	1858	
6	1859	
万延元	1860	
文久元	1861	

元号	西暦	（郡）実施村名
文久２	1862	（秋）薄井、（雄）中村
3	1863	
元治元	1864	
慶応元	1865	
2	1866	
3	1867	

《藩政期の秋田六郡》

（秋）秋田郡＝現在の秋田市北部、男鹿市、潟上市、井川町、八郎潟町、五城目町、上小阿仁村、北秋田市、大館市

（山）山本郡＝現在の三種町、能代市、八峰町、藤里町。寛文４年（1664）までは檜山郡と言った。

（河）河辺郡＝現在の秋田市南東部（旧雄和町南部を除く）及び大仙市の一部（旧船岡村）。寛文４年までは豊島郡と言った。

（仙）仙北郡＝現在の仙北市、大仙市の大部分（協和船岡、船沢、角間川を除く）、横手市の一部（金沢など）。寛文４年までは山本郡と言った。

（平）平鹿郡＝現在の横手市の大部分（旧増田町南部、旧雄物川町南西部、金沢等を除く）、及び大仙市角間川。

（雄）雄勝郡＝現在の羽後町、東成瀬村、湯沢市、及び横手市の一部（旧増田町南部、旧雄物川町南西部）。

ことを理由として持山を一貫三六文で売却している例が一件見られる。

なお、村方史料、代知関係史料、市町村史、『国典類抄』嘉部五巻からわかる限りの打直検地が実施された村名と時期を表として作成したものを参考資料とする（表４）。ただし、同表はいまだ不完全で平成二十八年九月現在でのものである。

往来手形《おうらいてがた》

〔旅〕

享和三年三月

一、羽州由利郡亀田領①芦川村出生、五郎兵衛②と申者、代々禅宗ニて拙寺旦那ニ紛無御座候。今度伊勢江参宮④ニ罷登申候。所之御関所⑤無相違御通し可被下候。万一此者病死等も仕候ハヽ、其御所御作法次第⑦御取仕舞可被下候。為後日之往来手形依如件。

羽州本庄城下

禅宗蔵堅寺⑧ 印

所之御関所⑨
御役人衆中⑩

江戸時代、自分が住む領主の支配地を離れると、それは他領であって、現代風に言えば自分の身分を確かな権力筋が証明してくれるパスポートを持っていない限り、他領に入る入口にあたる関所や番所を通過することはできなかった。右の史料（『本荘市史』史料編Ⅳ二二四）の傍線部に注目して往来手形の様式を見ると次のようになる。

①旅人が居住する領主又は地名。この場合、亀田藩岩城氏2万石の領域にある芦川村の村人と証明している。

②旅人の名前は五郎兵衛と証明。

③旅人五郎兵衛の家の宗派が代々禅宗（後の文から禅宗の曹洞宗であるのがわかる）の信者で私（この手形を書いた蔵堅寺の住職）の旦那（檀家とも言う）であると証明。

④今回の旅の目的は伊勢参宮のためと説明。

⑤①〜④で説明・証明したので危険な人物ではないので、各領にある関所をまちがいなく通過させてください。

⑥この者が旅の途中で不幸にして病死した時は…と事故の際の処理を旦那寺が依頼している。

⑦病死した土地の慣行に従い埋葬してほしい。

⑧旦那寺は本荘藩六郷氏二万石の城下にある禅宗の蔵堅寺であります。

⑨すべての関所役人様宛にお願いします。

この往来手形は旅行中、旅人を護る最も大切な書類であったから旅人ははだ身離さず持ち歩いたことになる。旅人が女性の場合は②の部分が〝某の母〟のように戸主との関係で女房、母、娘などの表現が使われている。

御手判《おてばん》

〔旅〕

秋田の由利口から山形の庄内地方への街道（秋田街道とか酒田街道と呼ばれている）での身分証明の仕組みを二～三の旅日記の記述から抽出すると次のようである。

三崎から山形の女鹿へ　番所あり
女鹿から吹浦に一里、境番所あり
　ここで手判五文出す
吹浦から酒田に六里
　ここで鼠ヶ関番所用の手判作成。代銭一人三〇文
酒田から鼠ヶ関（ここから越後国）
　ここで御番所に酒田で作った手判渡す
参考　矢島砂子沢の嘉永五年の日記（佐藤小一郎）、鷹巣七日市明和二年の日記（長岐氏）
庄内から由利への場合
羽黒山から酒田に

ここで吹浦への切手作成、一人三〇文
酒田から吹浦へ　番所あり
　ここで鼠ヶ関番所用の手判作成。印判代五文
吹浦から女鹿に　番所あり
　ここで酒田で作成した印判渡す
参考　中仙米沢村黒沢氏日記　安永五年
一連の流れをイラスト風にすると下図のようである。
手判は関所の通行券で村役人などが証明した印のあるものと辞典に出ているが、一人三〇文もかかる酒田での御手判は次のようであった（明和二年、七日市村長岐氏の日記から）。
一晦日晩　酒田伝馬町三浦重助処に一宿ス
旅籠八十文づつ、同処にて吹浦の御手判上ル、惣同行の手判出ル
壱人ニ付三拾文づつ
　　酒田御手判写
秋田比内之髪長女弐人、内壱人かんと申ス女年六十六歳　同壱人はなと申ス女年四十七歳　同所之清左ヱ門、甚ノ丞、藤十郎、太郎七と申ス者　男女合ワセテ

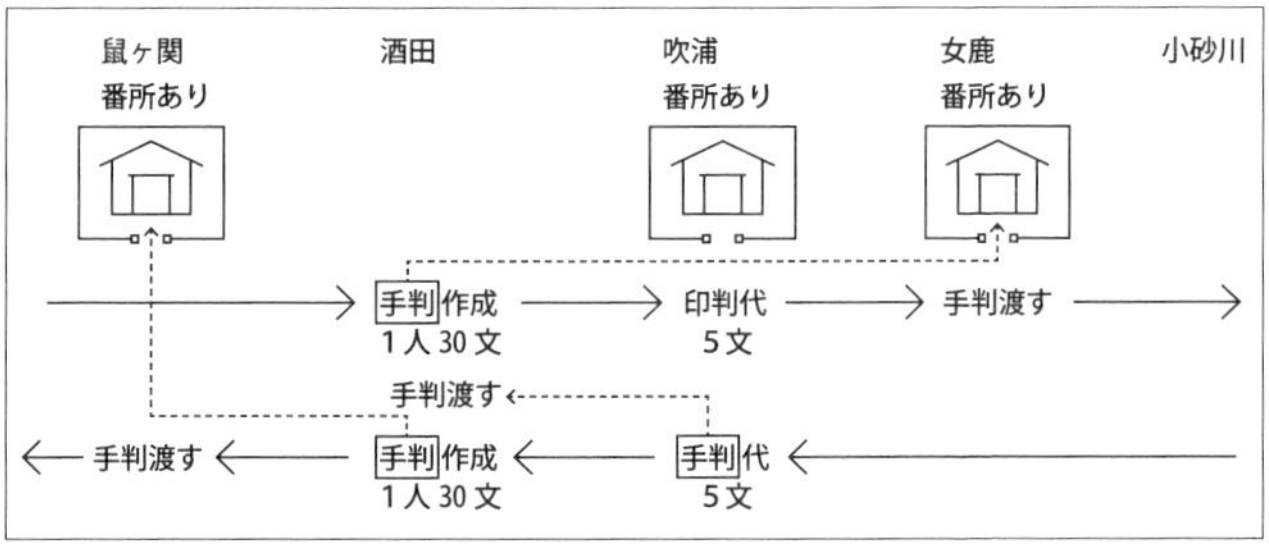

六人　上方へ罷リ登リ申シ候間、着替エ合ワセテ六ツ共ニ　鼠ケ関口罷リ通リ申シ候様　御裏判可被下申候　少シ茂相違無御座候　則　吹浦口女入リ御判指シ上ゲ申シ候　以上

西四月朔日　伝馬町　重助

御町奉行所　肝煎　藤助

駕籠屋　永蔵

○屋惣右ヱ門

表書キ之男女六人着替エ六ツ共ニ可有御通候　断リ書キこれ有リ候　以上

西　四月朔日　勇四郎

鼠ケ関口御改処

以上のように往来手形より詳細で女性の様子、年齢がくわしく記述され、荷物も六個とある。この手判のため一人三〇文、合計で一八〇文も出費したことになる。酒田での御手判代一人三〇文は安永五年通過の中仙の黒沢佐助の日記と幕末の嘉永五年矢島砂子沢の佐藤氏の日記でも同じであったことからほぼ一八世紀中頃からは三〇文と決まっていたと思われる。この証書作成代金はどこに最終的に納められたのか不明であるが一文を今の一〇・五円として計算すると三〇文は約三一五円程度となる。なお、この手判は該当する関所（正式には番所）に差し出すことになっていたから、他の所では再利用はできないことになる。

御学館御製薬《おんがっかんおんせいやく》

〔生活・その他〕

「ゴホン！ といえば龍角散」の宣伝文句で有名な漢方薬は仙北郡六郷出身の秋田藩医の藤井玄淵が蘭学の知識を取り入れて作った薬である。では、なぜ秋田でこの有名なのど薬が作られたのだろうか。江戸時代、庶民の生活に融けこんでいた常備薬に富山の置薬がある。富山前田藩一〇万石は日本アルプスから一気に急流となり流れ下る神通川、常願寺川、庄川がひき起す洪水と山越えの風が高温をもたらすフェーン現象に影響される大火などの災害に苦しみ隣領加賀前田一〇二万石と比較して貧困に苦しんでいた。藩では山野に自生する薬草を原料に各種の薬を製造し、領民にそれを持たせ行商するのを奨励し保護していた。幕末の嘉永年間（一八四八〜五三）の富山売薬人数はおよそ二〇〇〇人余りであった（『富山県史』）。その内秋田組と称され秋田を商売の対象としているのは四人で全国二一組の中で最も少ない人数であった。〝先用後利〟とされる商売方法、即ち先に薬を置き（先用）翌年使用した分だけの代金を受け取る（後利）方法は人々に受け入れられ秋田藩の調査（『経済秘録』）によると一八世紀後半まで富山売薬人が秋田藩内から売上代金として徴収する金額は年間二〇〇〇両余りであった。藩は、この富山売薬に制限を加え一部の薬店（高堂屋八兵衛、銭屋八兵衛、滝口清五郎）にのみ取り扱わせる方針を享保二年（一七一七）に示した。富山売薬への統制は以後各藩でも実施されたが秋田藩がすべての藩の中で最も早く統制策を打ち出している。

領民が必要としている置薬を統制品として指定すれば領民の健康が問題となる訳だから当然富山置薬にとってかわる新たな常備薬が用意されなければならない。寛政七年（一七九五）、義和《よしまさ》の時、藩校明徳館が作られ、その中の一分局に医学館が設置された。その医学館の中の製薬方が中心となり城下台所町の一隅に藩の薬園を置き、ここで九種類の薬草が植え育てられた。

図1　黄蓮（オウレン）

図2　甘草（カンゾウ）

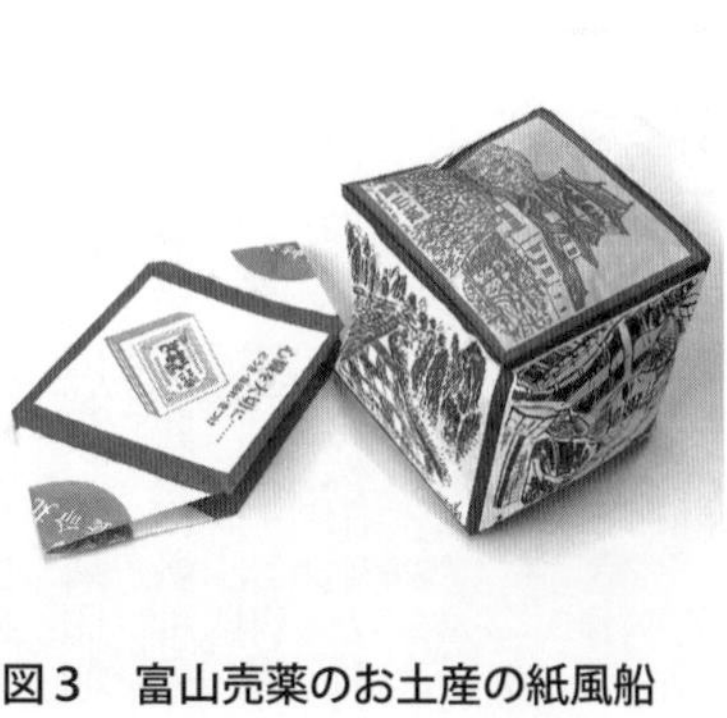
図3　富山売薬のお土産の紙風船

この薬園は牛島の住人小野（柳原）正太郎がおよそ四一七両を寄付したことで作られたものであった。九種類の薬草の内、甘草《かんぞう》はその根が鎮痛、鎮咳（せきをしずめる）、去痰（たんを切る）に効果があった。六郷高野村の造り酒屋の湯川清四郎所有の甘草を藩が買い上げて、それを基に苗を大量に作り、文政九〜十年（一八二六〜二七）にかけて薬園方の職員が上筋と下筋に分かれ領内を巡回し甘草栽培に適した土質を調べ、その地の有力者の協力のもと甘草の全藩的栽培が開始される。下筋（秋田・山本・河辺）では十二所で給人三人に九〇本、扇田で住職に五本、大館は給人四人と薬種屋二人に合計二九五本、増沢で二〇本、七日市村で肝煎ら二人に三五本など合計七六五本の苗が配布された。

仙北・平鹿・雄勝の上筋では諸井村で肝煎をはじめ七人で一六四本、船岡で二人に一五二本、刈和野で二人に一〇〇本、角館では神官二人を含め一二人に一八四本、そのほか西明寺、六郷などを巡回し合計九九五本（甘草のほかに浜防風《はまぼうふう》、黄芩《こがねばな》、川芎《せんきゅう》、当帰《とうき》、人参《にんじん》、半夏《はんげ》などの種も配布されている）が配布された。藩が薬園を設けた趣旨はおよそ次の三点にあった。

一、医者に本草学（薬草学のこと）の教育を授けるため
一、領民に薬草の知識を普及させ、山野で薬草を採集させるため
一、領内産の薬草で領内の需要にあて移入薬の代用とするため

このようにして作られた薬草に阿仁の根子のマタギから独占的に藩が購入した熊の肝一七二

匁（幕末五年分合計量で代金は一三二両）が消化器系の薬草に加えられ「**御学館御製薬**」の名称のもと領内の民衆に御役屋（当初一郡に二か所設置）を通して配布された。この薬がきちんと領内の村々に行きわたっていたことを示す具体的な史料を示すと、次の二点となる。

第一例目は城下近郊の大山田村の肝煎であった嵯峨家の文書394番に「製薬代金納入覚」と題された史料がある。これによると文化十四年（一八一七）十一月村の肝煎から藩の役人丹内源左衛門宛にこの年の製薬代金一貫弐百拾七文が支払われていたことがわかる。第二例目は旧『若美町史資料』にある記事で文化十二年、藩から渡された御製薬と関係帳簿を火事で焼失させてしまったことへの詫びの文書である。

文政年間（一八一八〜二九）には「御国産」とされる程の品質の向上と年三〇〇〇貫文＝金で五〇〇〇両余りと売上額の増加が見られ完全に富山置薬を領内から排除できる程実力を付けている。薬の自主製造に成功した藩は次に当時高価で手に入りにくい朝鮮人参の栽培に取り組む姿勢を見せ「南部、会津、米沢に隠密御用被仰付、人参之種拾万余相求……」（山崎文庫・雑記）とあるように隠密裡に人参の種を一〇万粒手に入れ、これを元手に渋江和光等有力家臣七人が川尻上野に「人参組合」を作り、人参畑は地元の有力者佐藤与吉郎の協力のもと管理することで栽培に成功し、製品の一部は京都で売る程になった。しかし、藩によるこれらの製薬事業は結果的には版籍奉還・廃藩置県を通して藩そのものが消滅することで高品質の薬を作りあげた製薬技術も、そして各地に作られた甘草を中心とする薬園も姿を消してしまった。

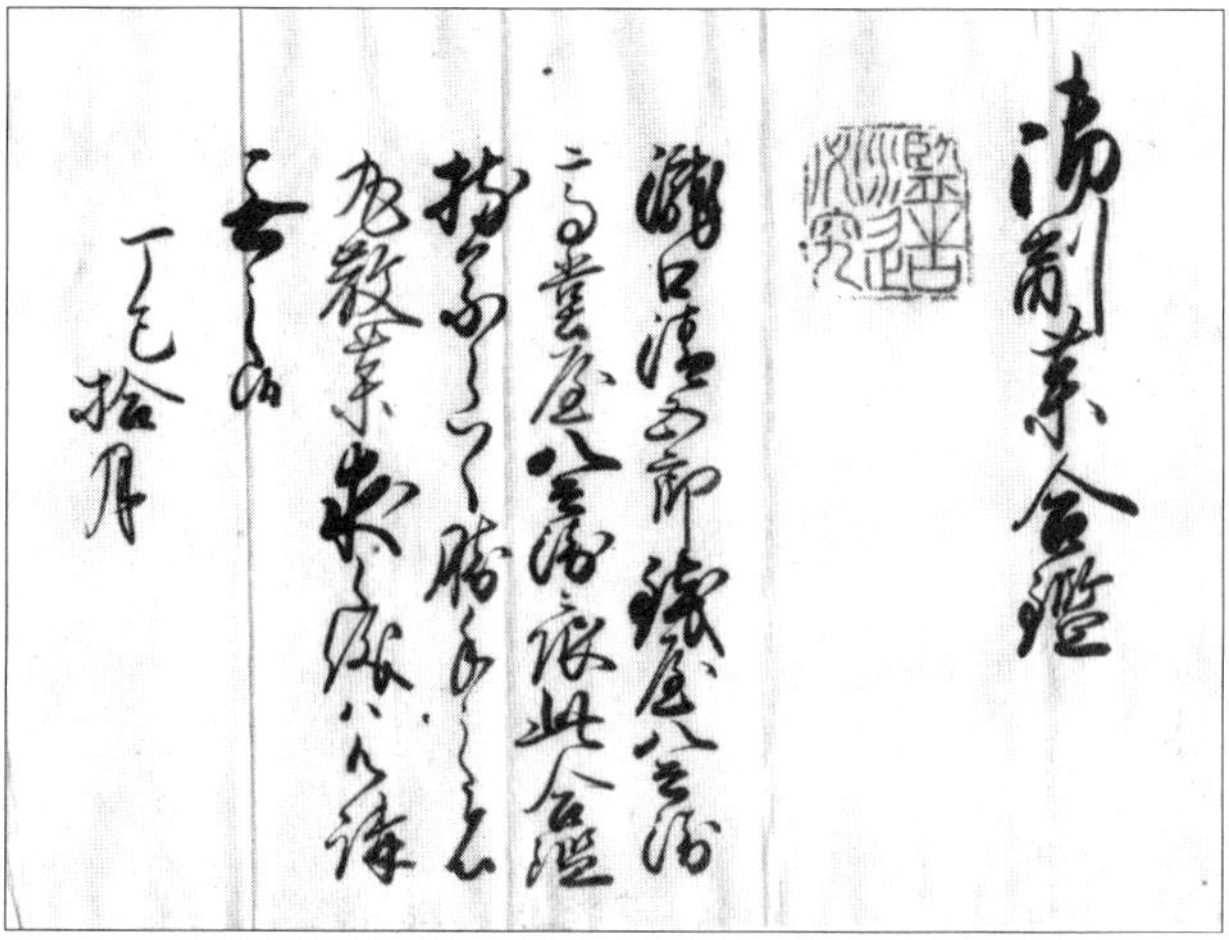

図４　御製薬合鑑

御製薬合鑑

瀧口清五郎銭屋八兵衛
高堂屋八兵衛ニ限此合鑑
持参候ハゞ勝手之者
丸散薬求候儀ハ御構
無之候
（寛政九年）丁巳拾月

図５　御薬園跡（市立秋田総合病院敷地内）

御川《おんかわ》・内川《うちかわ》

〔生活・その他〕

江戸後期の上級武士の日記である『黒沢家日記』や『渋江和光日記』、中期に藩の役人であった人物の日記である『平沢通有日記』などに出て来る言葉で現在の秋田市街地を流れる旭川を表わす語と思われる。

以下、出典を示しながら見ることとする。

①「**御川**江鱒狩ニ参、仁別村ニ而一宿致候」（『黒沢家日記』文政二年（一八一九）閏四月十五日の条）。

「仁別川之上流江参り申候、日暮帰り仁別村ニ而一宿致候」（同十六日の条）。

太平山を水源として流れる川の内、仁別村より上流は〝仁別川〟と表現し、仁別村より下流域を〝御川〟と表現していると考えられる。

②「先年**内川**添川末保戸野新橋より下楢山川八月より正月迄釣之外網ニ而一魚取候事被停止候所ニ、向後御免被成候」（『平沢通有日記』二巻、宝永二年（一七〇五）八月十三日の条）。

これによると〝内川〟とは現在の旭川の内、保戸野新橋より下流と表現していたことがわかる。

③「**御川**筋**内川**通ニおいて、鮭留網被停止候義、先年より度々被仰渡候通ニ候……」（『渋江和光日記』文政八年九月二十六日の覚）。

この史料によると〝御川筋〟とは①で示したように旭川水系全体を表わし、その内〝内川通〟とは②で示したように保戸野新橋から太平川と合流するまでの範囲、即ち現在の保戸野中町、千秋矢留、大町、中通、南通り亀の町、旭南、楢山登町の各地内を流れる旭川の一区間を表現する語と言える。

〝内川〟で網を使いサケを獲ることは、②によると宝永二年八月十三日までは禁止されていたが以後解除されたことがわかり、③によってその後再度禁止されたが違反者が絶えなかったことがわかる。なお、文政八年（一八二五）頃までは〝旭川〟と言う表現がなかったことも①〜③の史料でわかる。

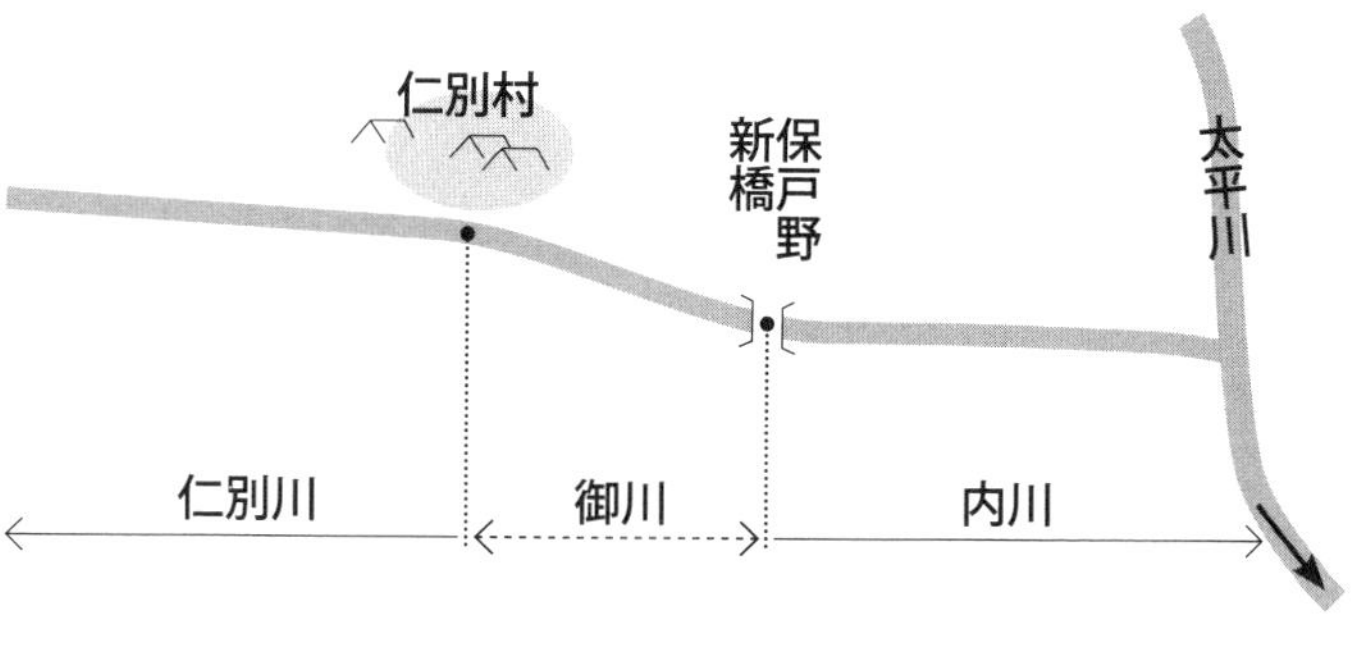

御苗字衆《おんみょうじしゅう》 〔武家分野（格式）〕

藩主・佐竹氏の一族でありながら宗家の家臣となった家を一門と称し、一〇家あった。その中でも「佐竹」を名乗ることを認められた四家を**御苗字衆**と言う。一門の残りの家は石塚氏（一八代義篤《よしあつ》の二子）、大山氏（一八代義篤の庶子）、戸村氏（一四代義人《よしひと》の三子）、今宮氏（一七代義舜《よしきよ》の庶子）、小野岡氏（一四代義人の四子）、古内氏（一七代義舜の庶子）の六家で、それぞれの家の陣幕には佐竹の家紋「五本骨扇に月」が施されている。

さて、御苗字衆は一般的には前述したように四家（北、東、小場西、南）と理解されているが、後新田藩の壱岐守家を加えて五家とされているようだ（『秋田県史』第二巻、近世編上一〇三頁）。これらの家では「義」の一字を藩主にことわらず自動的に名乗ることが許されていた。苗字衆五家を細かく見ると次の通りである。

。**北家**　角館所預。正徳四年（一七一四）知行高は佐竹左衛門四〇〇〇石。主計、河内とも言う。

宗家一六代義治《よしはる》の四子義信《よしのぶ》を祖とする。「常陸国佐都西郡太田城北にあり。故に北家と称す」とされる。義廉《よしかど》、又七郎二三歳の時、大坂冬の陣の出兵の途中掛川で病没。その後継者は京都の公家高倉大納言の二男、後の義隣《よしちか》で義廉の死後七年で北家再興となる。当初、城下東中城に、その後久保田長野桜小路に住し、芦名家断絶後の明暦二年（一六五六）角館に移り所預となる。菩提寺は曹洞宗常光院。附人は二〇人（『秋田武鑑』による）。

○**東家**　宗家一六代義治の四子政義《まさよし》を祖とする。正徳四年時知行高、佐竹山城四〇〇〇石。源六郎、中務《なかつかさ》、山城、将監とも言う。「太田城東に住す。因て東と称す」とされている。義賢《よしたか》の時、義宣《よしのぶ》に従い秋田に移り、当初平鹿郡増田に、その後大曲を経て久保田の東根小屋に居住する。以後、歴代城下にあって藩主及び家老らを補佐する立場となる。菩提寺は手形の白馬寺。附人は七人であった。

○**西家**　大館城代、所預。正徳四年の知行高、佐竹六郎九〇〇〇石。三河、石見《いわみ》、大和とも言う。宗家一一代義篤の二男義躬《よしみ》を祖とする。常陸那珂郡小場に住す。それにより小場氏を称す。義成《よしなり》の時、義宣に従い仙北六郷に住し、後桧山城に移る。慶長十三年（一六〇八）大館城代となり以後歴代所預となる。義房《よしふさ》（六郎、石見）の明暦四年（一六五八）、二代藩主義隆《よしたか》より佐竹姓を賜り、以後佐竹氏を名乗る。享保二十一年（一七三六）二月西家と称するのを許される。三代藩主義処《よしずみ》が死去に際して、その遺命書付の順は北、東、義方（西家のこと）、南とある。菩提寺は曹洞宗宗福寺。附人は八人。延宝六年（一六七八）、家中人数一一七人（『大館市史』第二巻二九頁）。

○**南家**　湯沢所預。正徳四年知行高、佐竹淡路八二〇〇石。左衛門、美作《みまさか》、三郎とも言う。宗家一七代義舜の四子義里《よしさと》を祖とする。「太田城南に住す。因って其家南と称す」とされる。義種《よしたね》の時、義宣と共に秋田に移り最上、伊達押えとして湯沢城に入り、以後歴代当主所預となる。菩提寺は曹洞宗清涼寺。附人は八人。元禄十三年（一七〇〇）年時、家中人数一〇四人（湯沢市立図書館７６８１）。

○**壱岐守家**　秋田藩主二代義隆の五男義長《よしなが》を祖とする。延宝四年（一六七六）に壱岐守に任ぜられ以後代々壱岐守となる。元禄十四年（一七〇一）宗家から新田二万石を分知される。五代義峰《よしみね》、七代義明《よしはる》、一二代義堯《よしたか》は壱岐守家から宗家に入り藩主となる。宗家に嗣子ない時は式部家と共に藩主の後継者を出せる家となる。将軍家における御三家と同じような立場にあったと言える。

か行

貨幣相場《かへいそうば》

〔経済・貨幣〕

元号	西暦	1石の銀値段	1匁の銭値段	1石の銀値段の出典	1匁の銭値段の出典
慶長7	1602				
8	1603				
9	1604				
10	1605				
11	1606				
12	1607				
13	1608				
14	1609				
15	1610				
16	1611				
17	1612				
18	1613				
19	1614				
元和元	1615				
2	1616				
3	1617				
4	1618				
5	1619				
6	1620				
7	1621				
8	1622				
9	1623	11匁		『県史』上P296の表	
寛永元	1624	15匁		〃	
2	1625				
3	1626				
4	1627				
5	1628				
6	1629				
7	1630				
8	1631				
9	1632				
10	1633				
11	1634				
12	1635				
13	1636				
14	1637				
15	1638				
16	1639				
17	1640				
18	1641				

元号	西暦	1石の銀値段	1匁の銭値段	1石の銀値段の出典	1匁の銭値段の出典
寛永 19	1642				
20	1643				
正保元	1644				
2	1645				
3	1646				
4	1647				
慶安元	1648				
2	1649				
3	1650				
4	1651	25 匁		『県史』上 P160 の表	
承応元	1652				
2	1653				
3	1654				
明暦元	1655				
2	1656				
3	1657				
万治元	1658				
2	1659				
3	1660				
寛文元	1661				
2	1662				
3	1663				
4	1664				
5	1665				
6	1666				
7	1667	54 匁		『県史』通上 P535 の表	
8	1668				
9	1669				
10	1670				
11	1671				
12	1672				
延宝元	1673				
2	1674				
3	1675	58 匁		『県史』	
4	1676	33 匁	80 文	『県史』通上 P542	『六郷町史』
5	1677		80 文		同上
6	1678		80 文		同上
7	1679		84 文		同上
8	1680	30 匁		『県史』通上 P116 の本文	
天和元	1681		54 文		『六郷町史』

元号	西暦	1石の銀値段	1匁の銭値段	1石の銀値段の出典	1匁の銭値段の出典
天和2	1682	48匁4分	100文	『県史』通上 P545	『六郷町史』
3	1683		80文		同上
貞享元	1684		81文		同上
2	1685		81文		同上
3	1686		77文		同上
4	1687				
元禄元	1688				
2	1689				
3	1690				
4	1691				
5	1692				
6	1693				
7	1694				
8	1695	35匁		『県史』上 P443（湯沢）	
9	1696				
10	1697				
11	1698				
12	1699				
13	1700	45匁	67文	『秋田市史』下 P383	『六郷町史』P278
14	1701	28匁	64文	同上 下 嵯峨家文書	同上
15	1702	56匁6分	64文	『秋田市史』P168	同上
16	1703	49匁		同上 資料 嵯峨 28	
宝永元	1704	40匁		『平沢通有日記』	
2	1705	35匁	80文	同上	同上
3	1706	43匁	82文	同上	同上
4	1707	39匁	83.3文	上北手 嵯峨文書	同上
5	1708	30.6匁	80文	同上	同上
6	1709	30.6匁	70文	同上	同上
7	1710	35.5匁	58文	同上	『六郷町史』P280
正徳元	1711	34.3匁	65文	同上	同上
2	1712	56.65匁	33文	同上	同上
3	1713	84匁	31文	同上	同上
4	1714	105匁	37文	同上	同上
5	1715				
享保元	1716	86.5匁	44文	同上	同上
2	1717	74.3匁	58文	同上	同上 P282
3	1718	91匁	28文	同上	同上
4	1719	34匁	22文	同上	同上 P282
5	1720				
6	1721	32.8匁			

元号	西暦	1石の銀値段	1匁の銭値段	1石の銀値段の出典	1匁の銭値段の出典
享保7	1722	30匁	80文	上北手 嵯峨家文書	『六郷町史』P282
8	1723	22匁	90文	同上	同上 〃
9	1724	11.54匁		同上	
10	1725	19匁	89文	同上	同上
11	1726	24.66匁	67文	同上	同上
12	1727	22.3匁	70文	同上	同上
13	1728	39匁	80文	『県史』通上 P563	『六郷町史』P282
14	1729	27.5匁	85文	同上	同上
15	1720	16.3匁	83文	上北手 嵯峨家文書 189	同上
16	1731	19匁	83文	同上	同上
17	1732		83文		同上
18	1733		83文		同上
19	1734		83文		同上
20	1735		83文		同上
元文元	1736				
2	1737				
3	1738				
4	1739				
5	1740				
寛保元	1741				
2	1742				
3	1743				
延享元	1744		70文		『六郷町史』P305
2	1745		70文		同上
3	1746		74文		同上
4	1747		73文		同上
寛延元	1748		73文		同上
2	1749		73文		同上
3	1750		72文		同上
宝暦元	1751		73文		同上
2	1752		70文		同上
3	1753		72文		同上
4	1754	45匁	77文	『雄物川町史』	同上
5	1755		71文		同上
6	1756		70文		銀札事件関連記録より
7	1757				
8	1758		70文		同上
9	1759	25.5匁	67文	『国典類抄』巻12 P427	同上
10	1760		65文		今泉　小笠原文書
11	1761		70文		同上

元号	西暦	1石の銀値段	1匁の銭値段	1石の銀値段の出典	1匁の銭値段の出典
宝暦 12	1762		67 文		今泉 小笠原文書
13	1763	43 匁	64 文	『雄物川町史』	同上
明和元	1764	22.5 匁	65 文	『石井忠運日記』	同上
2	1765		60 文		同上
3	1766				
4	1767	48 匁	55 文	『雄物川町史』	『六郷町史』
5	1768				
6	1769				
7	1770				
8	1771	23.5 匁		上北手 嵯峨家文書	
安永元	1772	25.7 匁		同上	
2	1773	40 匁		『雄物川町史』	
3	1774				
4	1775	35 匁		『雄物川町史』	
5	1776				
6	1777				
7	1778				
8	1779				
9	1780				
天明元	1781				
2	1782				
3	1783				
4	1784				
5	1785				
6	1786				
7	1787				
8	1788				
寛政元	1789				
2	1790				
3	1791	18.5 匁	108 文	鷹巣相場	『田村郷日記』
4	1792	34.75 匁		『田村郷日記』	
5	1793				
6	1794	23.8 匁	101.5 文	同上	同上
7	1795	47 匁	112 文	今泉 小笠原文書	今泉 小笠原文書
8	1796				
9	1797		107 文		同上
10	1798				
11	1799	25.7 匁	113 文	鷹巣相場	『田村郷日記』
12	1800		107 文		今泉 小笠原文書
享和元	1801				

元号	西暦	1石の銀値段	1匁の銭値段	1石の銀値段の出典	1匁の銭値段の出典
享和2	1802				
3	1803				
文化元	1804				
2	1805	36匁	113文	今泉 小笠原文書	今泉 小笠原文書
3	1806				
4	1807		103文		岡本家の家計表から
5	1808				
6	1809				
7	1810	36匁	106文	同上	今泉 小笠原文書
8	1811	23匁	117文	鷹巣相場から	同上
9	1812	21.8匁	110文	同上	『田村郷日記』
10	1813	51.2匁	103.5文	同上	『横手市史』
11	1814	32.49匁		上北手 嵯峨家文書	
12	1815				
13	1816		111文		鷹巣相場から
14	1817		112文		『塙村の古文書』
文政元	1818				
2	1819	20.4匁	113文	同上	『黒沢家日記』
3	1820	36.5匁	115文	同上	同上
4	1821	24.8匁	114文	同上	同上
5	1822	24.3匁	114文	同上	同上
6	1823	24.3匁	113文	同上	『田村郷日記』
7	1824				
8	1825	43.47匁		『秋田市史』	
9	1826				
10	1827				
11	1828	49匁		上北手 嵯峨家文書	
12	1829	32.4匁		同上	
天保元	1830	32.44匁		同上	
2	1831	44.7匁	105文	同上	『渋江和光日記』9/20条
3	1832				
4	1833				
5	1834				
6	1835				
7	1836				
8	1837				
9	1838				
10	1839	92.5匁	800文	『黒沢家日記』	『黒沢家日記』
11	1840				
12	1841				

元号	西暦	1石の銀値段	1匁の銭値段	1石の銀値段の出典	1匁の銭値段の出典
天保13	1842				
14	1843				
弘化元	1844	47匁		上北手 嵯峨家文書	
2	1845	54匁		『横手市史』資P110	
3	1846				
4	1847	53匁	107文	上北手 嵯峨家文書	横手 吉沢家文書
嘉永元	1848	44匁		同上	
2	1849	56匁		同上	
3	1850	70匁5分		同上	
4	1851				
5	1852	52匁		同上	
6	1853				
安政元	1854	63匁		同上	
2	1855				
3	1856				
4	1857				
5	1858				
6	1859				
万延元	1860	90匁	107文	同上	『塙村の古文書』
文久元	1861	80匁		同上	
2	1862				
3	1863				
元治元	1864				
慶応元	1865				
2	1866				
3	1867		109文		『田村郷日記』
明治元	1868				

軽升《かるます》と押升《おします》

〔地方知行制（農村と武士との関わり）〕

年貢米を升で測る時の呼び名。升に米を入れて盛り上がった部分を軽くならして測るやり方を**軽升**と言う。一方、升に米を入れて上から押しつけたり、横から升をたたいて目一杯押し込め、最後に盛り上がった部分をならすやり方を**押升**と言う。年貢納入など一般的に米を計測する場合はすべて押升による計算であった。しかし、押升のためには升を押したり、たたいたりする必要があり、計測に手間取ることから短時間で測る場合に用いられたのが軽升方式であった。この場合には文書の中に必ず「軽升」と注記があり、以下の史料などから一般的には「押升」の一〇％増しとなっていたようである。

例1　『黒沢日記』文政三年十二月十三日条

当高　四石九斗壱升四合　川辺郡豊巻村

此出米　弐石九斗九合

軽升　　三石弐斗

（押升の一・一倍が軽升三石弐斗に該当）

例2　『横手市史』史料編近世Ⅰ　一五一頁
　文久二年　三本柳村御物成御勘定目録
　此出米　九拾九石壱斗四升五合
　此軽升　百九石六升
　（押升の一・一倍が軽升百九石六升に該当）

例3　『十文字町史』　三八三頁
　文政十一年　十五野新田村の東家への物成　上納表58から
　壱石四斗九合　物成米軽升で壱石五斗五升
　（押升の一・一倍が軽升壱石五斗五升に該当）

例4　『若美町史』資料編　五六六頁
　明治三年鵜木村寄郷共御米積帳（福米沢村）
　御物成合　百九拾弐石壱斗六升七合
　此軽升　弐百拾壱石三斗八升四合
　（押升の一・一倍が軽升弐百拾壱石三斗八升四合に該当）

以上の史料から軽升の方が押升より同じ一升でも少なく測られるため、長い経験の中から押升の一〇%増しとすることを農民と武士（藩）側が相互に認めあったシステムと理解できる。

試しに市販の白米で押升と軽升を実験してみたところ押升の一五％増しとの数値が結果として得られた。このことから藩制期に行われていた押升の一〇％増しの数値はかなり精度の高い計数と言えるだろう。それでも、この軽升システムは農民側と武士側のどちらにとって好都合なのか軽々には判断できない。

最後に、この軽升と呼ばれる年貢納入方式がいつ頃から秋田藩で利用されたのか具体的にはわからない。

肝《きも》煎《いり》

〔地方知行制（農村と武士との関わり）〕

戦国期、武士は村に住み村の土地とそこに住む農民を支配していた。これらの人々を土着の地侍という。慶長七年（一六〇二）、常陸から移動して来た佐竹軍に対してこれまで保持して来た様々な村での既得権を佐竹から奪われると感じた地侍達は六郷一揆（同年十月）、阿仁一揆（〇三年十月）、比内一揆（同年八月）など相続いて一揆を起こした。しかし、これらの一揆はすべて鎮圧され、これら地侍達は武装解除となり、ほとんどの者が村に残った。

彼らは秋田藩の初期検地である先竿をはじめとする一連の総検地で持っていた耕作地を測量

図１　江戸初期、秋田藩の肝煎の由緒

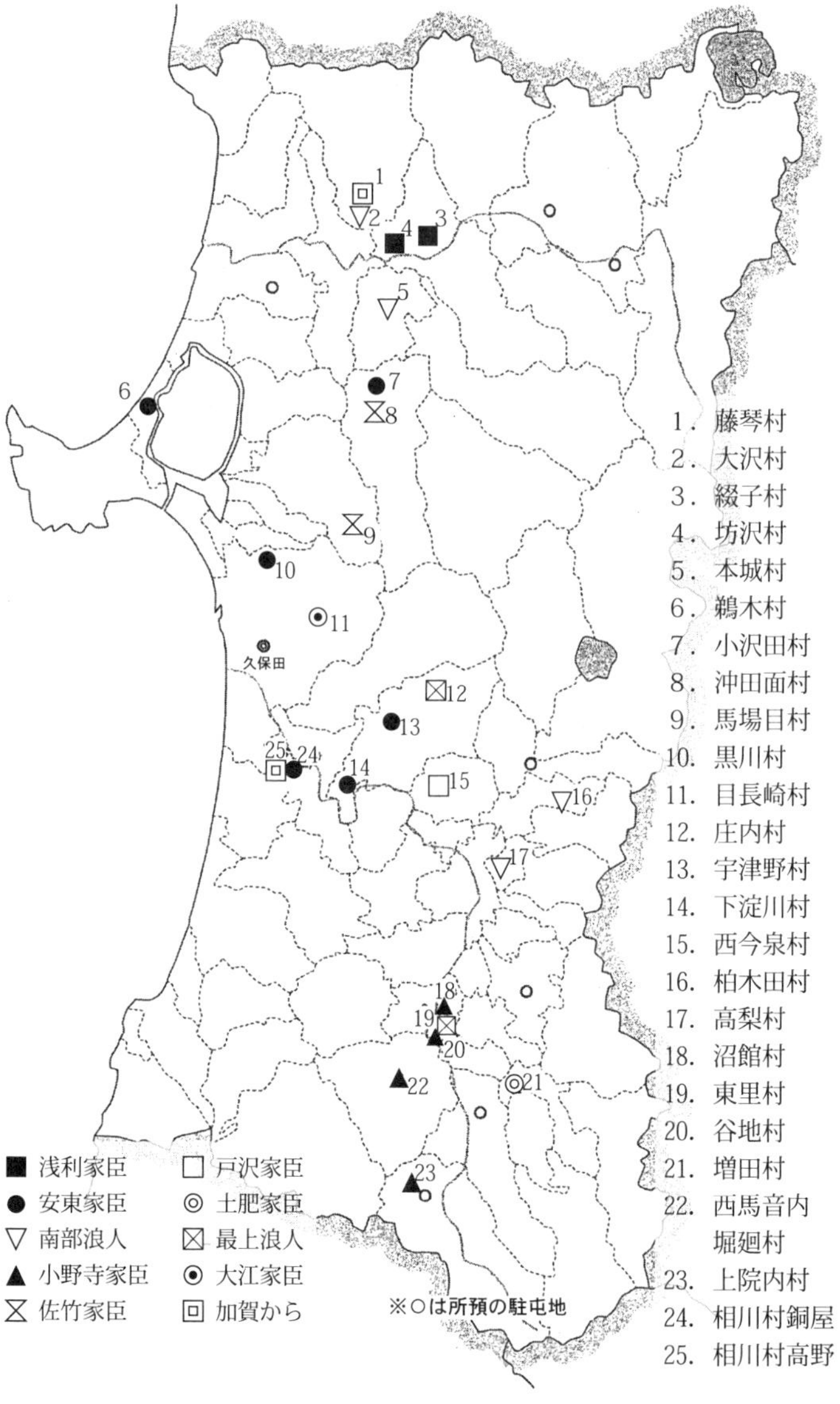

久保田
■ 浅利家臣
● 安東家臣
▽ 南部浪人
▲ 小野寺家臣
⧖ 佐竹家臣
□ 戸沢家臣
◎ 土肥家臣
⊠ 最上浪人
⊙ 大江家臣
回 加賀から
※○は所預の駐屯地
1．藤琴村
2．大沢村
3．綴子村
4．坊沢村
5．本城村
6．鵜木村
7．小沢田村
8．沖田面村
9．馬場目村
10．黒川村
11．目長崎村
12．庄内村
13．宇津野村
14．下淀川村
15．西今泉村
16．柏木田村
17．高梨村
18．沼館村
19．東里村
20．谷地村
21．増田村
22．西馬音内
堀廻村
23．上院内村
24．相川村銅屋
25．相川村高野

され検地帳に登録され農民身分となった。そのため初期検地帳に「おやとの、雅楽丞（刈和野の今泉村）、「備後、若狭」（協和町下淀川村）、「兵部、外記、掃部介、若狭、但馬」（鷹巣町七日市）など武士的な名前の農民が数多く記載されているのは、以上のような事情によるものであった。

検地の結果、村の農地はすべて測量され、だれが耕作しているか、そこからどれ程の米が生産されるかが定められた基準に従って検地帳に記入された。藩ではこの検地帳に基づき「黒印御定書」を各村に交付し村の年貢量と農民の生活の心得を示した。戦国期までは村に居住していた地侍が村人に直接口頭で命令し、年貢を徴収したり人夫の提出を命じていたが、村は農民だけが住む空間となり武士（給人）は城下の久保田や所預の駐屯地（十二所、大館、桧山、角館、横手、湯沢、院内の七か所）と組下のみの刈和野と角間川に居住していたから農民への命令は紙に書かれた文書によって村に伝えられた。

その結果、これらの文書を読み、理解し村人に伝えるとともに村の請願を文字にして藩に願書として訴えるなどの行為は帰農して百姓身分になったかつての地侍達が担うことになった。彼らは村役人―すなわち肝煎―となり長年にわたり蓄えてきた政治力や文化・教養をてこに村をまとめていった。（『上小阿仁村史』を参考にした）。『県史』や市町村史などから江戸初期の肝煎たちの由緒を調べそれを地図上に示すと図1のようになる。

旧協和町下淀川村肝煎武藤助左衛門家の由緒書には安東氏（秋田氏）の家臣。旧西仙北町土川今泉の肝煎小笠原多右衛門家は戸沢氏の家臣。羽後町西馬音内堀廻村の肝煎六郎兵衛家は西馬音内小野寺氏の家臣。以上のように戦国諸将の家臣で土着、帰農した由緒を持っている。一般的傾向として鷹巣・阿仁地域は浅利氏旧臣と南部浪人が目立ち、旧協和町・雄和町を南限として能代・山本地域は安東（秋田）氏家臣、平鹿・雄勝は小野寺氏家臣が中心で一部最上浪人が加わる。仙北は戸沢家臣と南部浪人が中心であった。

肝煎の名称は江戸時代に入ってから使われたのではなく、少なくとも戦国末期には秋田地方で既に使われていたことが次の三つの事実からわかる。その一は、豊臣政権下大曲の国人冨樫氏が従来から保持していた玉川の舟渡しの支配権を今後も冨樫氏が保持してほしい旨の要望が地元の肝煎達から連名で領主の戸沢氏に提出されている事実である（加藤民夫談）。次は慶長四年（一五九九）の秋田氏への「算用状」に五十目の三名の肝煎（長沼紋左衛門、一関宇衛門、菅生八郎右ェ門）の名があることである（『安東実季家臣団』太田実）。第三は『能代市史』資料編中世二〔316〕に紹介されているもので推定年であるが、天正十九年（一五九一）七月、浅利久義が越山作内なる人物を独鈷村の肝煎に任命した事実である。

肝煎の役目　村の年貢を各農家へ割付けること、年貢の徴収、藩又は給人への納入、減免の手続、永久保存の伝来文書の整備と保管、土地移動の確認、検地への立ち会い、入会地の管理、役人との連絡、隣村との交渉、村内のもめ事の仲裁など多岐にわたっていた。仕事をする場所は私宅でもある肝煎屋敷であった。そのため屋敷は無税の扱いを受けていた。

肝煎特権　慶長十九年（一六一四）の白岩前郷村の「条々」によると

- 物成一〇〇石までは肝煎が納入する年貢の内二石の免除、二〇〇石では三斗、それより上は一〇〇石につき五斗の免除。
- 肝煎の持高二〇石までは他の一般農民にかかる夫伝馬や人足の提出は免除とある。
- 人使いとして一軒から一年に四人まで村の仕事に従事させることができるとある。

また、肝煎りの補佐の〝筆取〟（書記役のこと）は弘化二年（一八四五）旧角館町八割村では三斗入六俵〝小走〟（連絡役）は一五俵とされていた。これらの手当は時期や村により多少差があるようだ。

肝煎の選出　**草分け百姓**（村を最初に作った家のこと）や**地方巧者**《じかたこうしゃ》（土木や数字に強い人）など、家柄や村への貢献度の高い家が村人の推薦で選出され、給人や代官の承認を受け最終的には藩庁の承認で決定されていた。肝煎の人数は原則的には村に一人であったが大村の場合、以下の例にあるように複数のこともあった。

下淀川村　慶長八年（一六〇三）　三人

増田村　　文政四年（一八二一）、天保三年（一八三二）、文久元年（一八六一）　二人
六郷川内村　享保十二年（一七二七）、天明三年（一七八三）　二人
神宮寺村　寛文二年（一六六二）　二人

また、村の特殊事情や肝煎候補者の年齢などから臨時的措置として、肝煎後見、肝煎助力、肝煎見習、仮肝煎などが出現する場合もあった。肝煎の大多数は村人から信頼され、その業績が藩から認められ褒美をもらった者も多い。『中仙町郷土史資料』第三集に収録されている御役屋記録の厚木家文書中の九、賞の部の中で百姓身分の九六人が何らかの形で藩から褒美を与えられているが、その内五〇人は肝煎であった。船越村肝煎儀兵衛は元文四年（一七三九）十一月に村の苦しさを救うため馬市の開催を藩に求め、これが成功し村を救済した功により銀三枚が与えられた。又、旧大森町八沢木村の肝煎角助は寛保三年（一七四三）八月、三六年間肝煎兼拠人としての仕事に勤め、広い村でありながらスムーズに村の運営を行った功で五貫文が与えられている。このように肝煎は高くその仕事、人柄が評価される一方、一部ではあるが年貢納入時の不正、村人との対立から処罰されたり肝煎の立場を失なった事件が『梅津政景日記』等に散見される。

給人分付《きゅうにんぶんづけ》

〔地方知行制と武士との関わり（農村）〕

検地帳の中での記載形式のひとつ。仙北郡今泉村（現大仙市土川）の正保四年（一六四七）の後竿検地帳の一枚目と二枚目部分を表形式で示すと表1のようになる。表の左から順に見ていくと、

「土橋」とある部分は耕地のある場所を村の小字で示している。いわゆる地番に該当するようなもの。次の「中田」とある部分は、その土地が上田、中田、下田、下々田《げげでん》と当時の耕地の評価で見ると一反歩の面積から米が一石三斗生産される中田であることを示している。各区分毎の公定標準生産額を**石盛**《こくもり》と言うが、本書76頁に

表1　仙北郡今泉村正保4年（1647）後竿検地帳より

土　橋	中田	5×9	1セ15歩	0.195	生田目正助分	喜　助
〃	中田	14×21	9. 24	1.274	同　分	喜兵衛
〃	中田	8×16	4. 08	0.555	〃	小　作
〃	中田	5×7	1. 05	0.152	〃	喜　助
〃	中田	12×16	6. 12	0.832	益戸拾兵衛分	三郎左ヱ門
山　下	下ハ	3×20	2. 00	0.060	小田内六右ヱ門分	甚　助
〃	下ハ	4×8	1. 02	0.032	十兵衛分	三郎左ヱ門
家しへ	中田	13×24	10. 12	1.352	同　分	同　人
土　橋	中田	7×23	5. 11	0.698	十兵衛分	喜　助
中　島	中ハ	10×15	5. 00	0.200	正助分	吉兵衛
〃	中ハ	7×12	2. 24	0.112	小貫内治右ヱ門分	九郎右ヱ門
〃	中ハ	4×24	3. 06	0.128	十兵衛分	喜　助
〃	下ハ	3×3	0. 09	0.009	治右ヱ門分	九郎右ヱ門
〃	中ハ	6×14	2. 24	0.112	正助分	喜　助
〃	中ハ	8×11	2. 28	0.117	次右ヱ門分	五郎右ヱ門
〃	下ハ	4×4	0. 16	0.016	同　分	九郎右ヱ門

詳細があるので参考のこと）。

次の「5×9」の部分は土橋にある中田の田がたての長さが五間《けん》（一間は一・八m）、横の長さが九間の長方形の耕地なことを示している。次の「1畝《せ》15歩」は、たて五間×横九間なので、この長方形の田の面積が四五歩《ぶ》なことを示している。面積の単位は大きい単位から順に町（ちょう）、反（たん）、畝（せ）、歩（ぶ）となる。一畝は三〇歩なので四五歩を畝と歩に分けて表示すると一畝一五歩となる。次の「0．195」は検地帳の正式表現では一斗《と》九升《しょう》五合《ごう》であるが、表では石《こく》を基準に小数点形式で表現したものである。

中田の一反当りの石盛は一石三斗であったから一反＝三〇〇歩の数値を基準に面積一歩当りの米の量を割算で出すと一・三〇〇／三〇〇となり一歩当り〇・〇〇四三三となる。一歩が米〇・〇〇四三三であるから面積四五歩を乗じると〇・一九四八五となる。これを小数第四位の所で四捨五入すると〇・一九五、即ち米の量が一斗九升五合となることを示している。

次の「生田目《なまため》正助分」とある部分は、この土橋にある一畝一五歩で生産高一斗九升五合の田からの年貢を受け取ることが藩によって認められた家臣（地頭とか給人とも表現している）の名前である。これが**給人分付**と言われる部分である。生田目正助は城下久保田に居住する直臣で正徳四年（一七一四）写し（原本は寛文四年五月のものか）の「御国中分限帳」によると知行高五〇四石の上級家臣であった。

最後の「喜助」の部分は土橋にある中田一畝一五歩を耕作し生田目正助に年貢を納める義務を負う耕作者、すなわち農民の名前が喜助であることを示している。これ以前の先竿、中竿（本書83頁参照）では給人分付は見られない。給人分付がはじめて検地帳にあらわれたことで秋田藩の知行制度は給人に御判紙（本書77頁参照）を交付することで知行村とその村での知行高を明らかにし、検地帳でその知行高に見合う耕地と耕作者（名請人とも言う）を確定することで名実共に地方知行制を採用する藩としての形態を整えたと言える。

切支丹宗門御調帳《きりしたんしゅうもんおしらべちょう》

〔宗　教〕

別名切支丹改（帳）と言われる制度は江戸幕府によるキリスト教禁教対策の一環として全人民の宗旨（仏教の宗派）を調べる目的で行われたもので宗旨人別帳とか**切支丹宗門御調**とも言われた。寛文十一年（一六七一）から制度化されたとされており武士や修験、社家の人々にも調査が及んだ。旧肝煎家に残る村の伝来文書の中にこれらの史料が含まれていることが多い。旧西仙北町土川の今泉村の場合、安永五年（一七七六）をはじめとして明治二年（一八六九）まで全一七期にわたる調帳が残っている。これらの調帳は次のような書き方になっている。

①五人組単位に村ごとに作る。②各家の家族名が連記され、終りの部分に家族の合計人数、男・女別人数が書かれ、この数字部分と戸主名の所に戸主の印が押される。③各家の上の部分にその家の檀那寺が書かれ、その部分と家族合計人数部分に檀那寺の印が押される。④五人組ごとの合計人数、男・女別人数を書く。⑤帳面の最後の部分に五人組数と村全体の合計人数、男・女別人数を書く。⑥作成した責任者の肝煎と長百姓が印を押し村に関係するすべての檀那寺が記名捺印する。⑦この帳面に書かれた者は法度宗門のキリスト教徒ではないことを証明するの一文が最後に書かれる。この「切支丹宗門御調帳」の作成は毎年五月に開始され藩全体をまとめて十月中に幕府の切支丹改役人に調査の詳細が報告されていた。

フランシスコ・ザビエルが天文十八年（一五四九）鹿児島に来日して以後、数多くの宣教師により西日本中心に布教活動が開始された。布教に伴い物めずらしい西洋の文物が人々を魅了した。カステラ、パン、コンベイト、ラシャなどの外来語が日本語の中に今も残されている。キリスト教は新しい文化として人々に認められた。その結果、当初キリスト教（徒）を漢字で表現する際使用されたのが「吉利支丹」の文字であった。

ところが織田信長による保護の時代が終り、豊臣秀吉、徳川家康による禁教政策の時代に移行すると「切支丹」「切死丹」と漢字の表現に変化があらわれる。初期の秋田藩には院内銀山をはじめ各地の鉱山が繁栄したため人々の出入が激しく、その中には数多くのキリスト教伝道者の人々も含まれていた。イエズス会の日本年報によると秋田での伝道地及び信者の分布は南部の院内銀山から北部の比井野（旧二ツ井町）まで領内一六～一七か所であった。藩による弾圧の結果の殉教としては寛永元年（一六二四）六月三日、三二人の火あぶりが「政景日記」に記録され（図1）、この年だけで一〇九人の殉教があった（『県史』通史編上）。

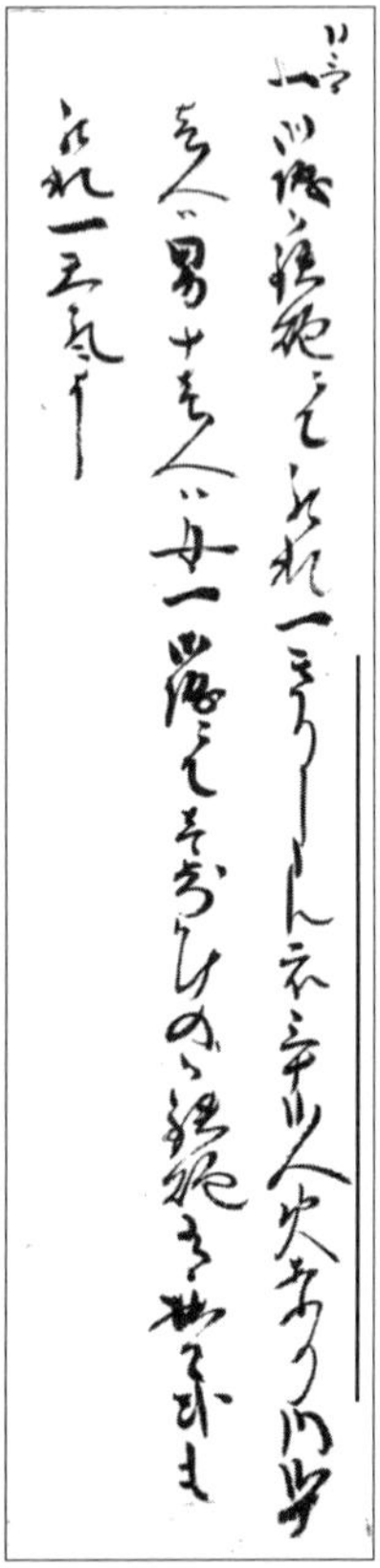

同三日
一、御城御鐵炮ニて罷出候　一、きりしたん衆三十貳人火あふり内貳十
壹人ハ男十壹人ハ女　一、御城ニて壹歩かけの御鐵炮有、拙者式も
罷出候　一、天気よし

図1　「梅津政景日記」寛永元年六月三日の部分（秋田県公文書館蔵）

久《く》保《ぼ》田《た》外《と》町《まち》の用《よう》語《ご》

〔久保田外町〕

両《りょう》側《がわ》町《ちょう》　城下町の中の商人町特有の町の造りのことで、通り（道路）の両側に同じ奥行、同じ間口《まぐち》の屋敷が割り付けられている。久保田城下の場合、間口四間（7・2ｍ）の屋敷が一人前の町役（町の色々な税）を負担する基準であった。奥行は町により異なり、大町が二五間（四五ｍ）、その他の町は二〇間（三六ｍ）に町造りの段階で設計されていた。

大町三町　大町一丁目、二丁目、三丁目を指し、寛文三年（一六六三）時、家数は三町合わせて九〇軒で外町の商人町の基盤をなす有力町人たちが居住していた。

茶町三町　菊ノ丁、扇ノ丁、梅ノ丁の三町を指し、寛文三年時の家数は合わせて九二軒であった。大町三町と共に有力商人が居住していた。

六《ろく》道《どう》の辻《つじ》　寺町の北端を割りさくように羽州街道が西の方から大工町に入り込んでいる所を「六道の辻」と言っていた。羽州街道はここで直進せずに少し北側にずれており、この部分には外町の町並みを見えすらくするように目隠し兼防御用の土塁と堀が設けられていた。城下町西方の守りの役目を果たしており小規模な曲輪（郭）造りであった。

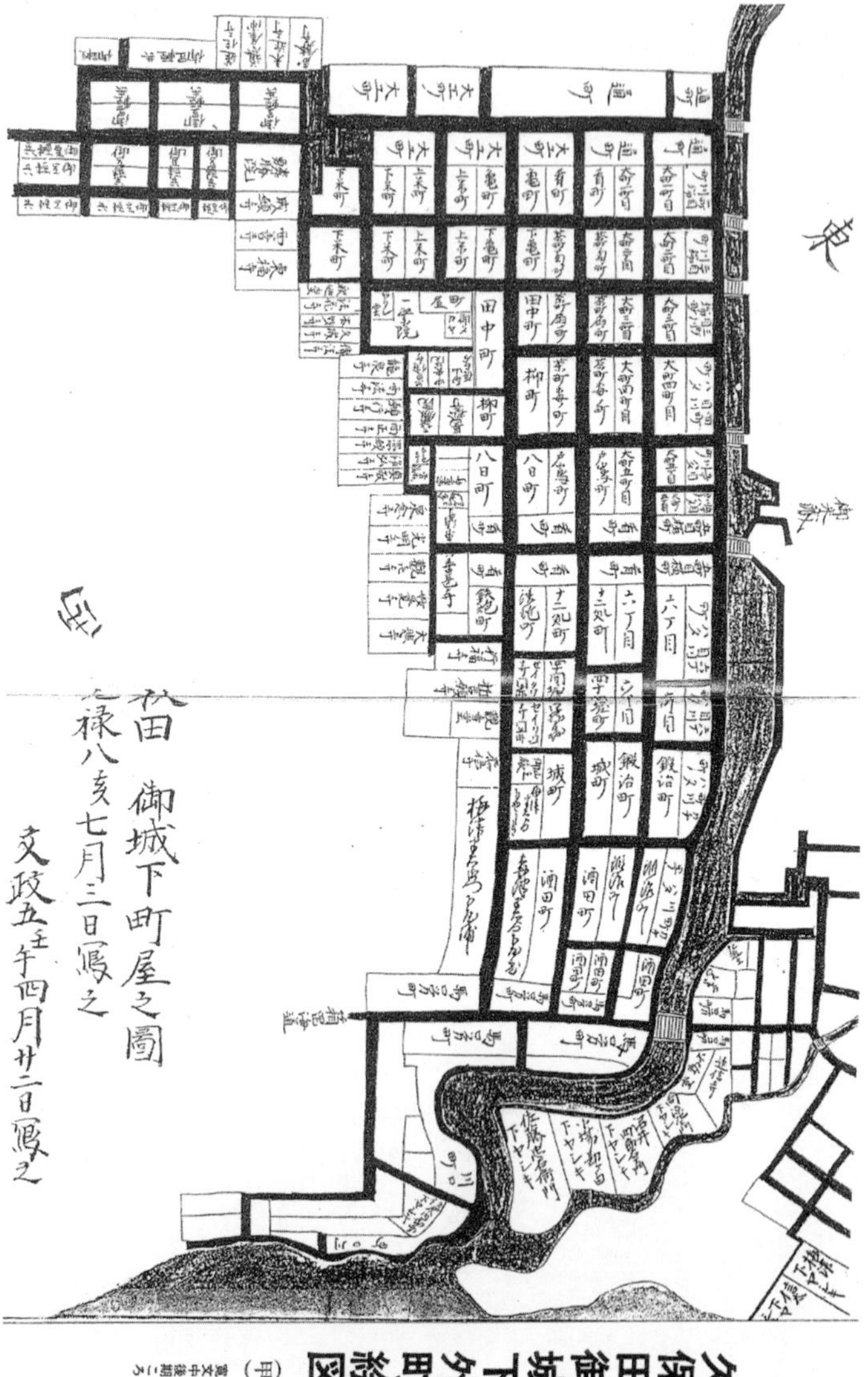

久保田御城下外町絵図（甲）寛文中後期ころ

高札場《こうさつば》 藩が出した法度、掟書、犯罪人の罪状などをしるしたもので交通量の多い市場や辻などに掲げられた板札のある場所のこと。馬口労町《ばくろうまち》にあった。

町家督《まちかとく》 特定の町に藩が与えた営業上の利権のこと。城下町の商人が負担することになっている伝馬役《でんまやく》、歩行役《かちやく》の内、藩や幕府の役人、そして参勤交代の折久保田城下を通行する津軽藩などの武家の荷物を馬や人足を出して輸送にあたる伝馬役や歩行役は大町三町と茶町三町が、久保田の両どなりの宿にあたる戸島宿か土崎湊まで運搬する経費を負担していた。その負担の代償に町家督として特定商品の取り扱いを独占する権利が藩から与えられていた。大町三町の町家督は絹織物、木綿、古手（古着のこと）、麻糸、小間物、絹糸類などの衣料品が中心であった。茶町三町は茶、紙、砂糖、畳表、扇、傘などの荒物類であった。

組下《くみした》・組下持《くみしたもち》

〔武家分野（組織）〕

秋田藩の家臣で城下久保田以外の地に居住を命じられた者のこと。「与下《くみした》」、「在々給人」とも表記される。所預や要衝警備の責任者の配下に編成されていたが藩主との関係では同じ直臣であったから所預と対等で、番方支配上は彼らの指揮は受けない。正徳四年（一七一四）当時の組下衆のいる地点と所預（所持）又は責任者名は次のとおり。

・湯沢・佐竹淡路支配組下七九人。・角館・佐竹左衛門支配組下四九人。・塩谷民部支配組下三五人。・大館・佐竹六郎支配組下一三二人。・横手・戸村十太夫支配組下（本町・嶋崎・根岸・御免町）一四三人、扶持人九三人、合計二三六人。・向源左衛門支配組下（羽黒）六五人、扶持人一七人、合計八二人。・院内・大山因幡支配組下一四人。・桧山・能代・多賀谷酉之助支配組下（桧山）九人（能代）一〇人。・石塚主殿支配組下三九人。・十二所・茂木筑後支配組下九三人。・刈和野・渋江宇右衛門支配組下二一人。・角間川・梅津半右衛門支配組下四四人。

『秋田武鑑　全』（無明舎出版）の二二四～二二三頁にかけて次のようにある。

梅津半右衛門組下増田給人　　小泉蔵人
同　人　　組下金沢給人　　河村采女
向源左衛門組下小友村給人　　三浦治部（子）

このことから、梅津半右衛門組下はこれまで角間川のみと考えられていたが、各一名ではあるが増田と金沢が加わり三か所となる。

なお、このことは『黒沢家日記』文政十一年十一月二十六日の条に、梅津外記（半右衛門家）が十一月二十日に失脚し御相手番を解任された後の藩の処理として

一　同日、梅津主馬殿より外記殿支配給人、角間川、増田、金沢三ヶ所組下支配被　仰付

候趣廻文ニ而為知ニ御坐候

とあることからも傍証される。

更に、横手組下支配の向源左衛門が新たに一名であるが小友村給人を組下支配していることも判明した。以上から領内の組下支配地はこれまで湯沢・角館・大館・院内・横手・刈和野・角間川・桧山・能代・十二所の一〇か所に増田・金沢・小友が加わり、合計組下衆は領内一三地点で合計八四六人であった。

組《くみ》代《だい》〔地方知行制（農村と武士との関わり）〕

地方知行制を採用していた秋田藩で給人が藩主から与えられた知行地から年貢を納めさせる際、農民の中から給人が年貢納入責任者としての役目を定めた者のこと。秋田藩では当初、村支配の形態は次のようになっていた。蔵分（藩の収入となる分）は藩が任命した蔵入地代官が支配し、給分（家臣に分け与えられた分）は給人が支配していた。そのため、給分の年貢は城下久保田給人の場合、知行地から給人の住む城下の屋敷まで組代がとりまとめて直接納入されていた（直納と言っている）。河辺・仙北・平鹿・雄勝の各郡からの年貢米はほとんど雄物川舟運を利用し河口の川口（現秋田市川尻）付近に着船し、そこから馬などを使い各給人の屋敷に納入されていた。『秋田県史』では、この組代の記述がほとんど見られなかったが近年出版された『秋田市史』第三巻近世通史編ではかなり詳しく説明されている。これによると久保田給人の長瀬氏の場合、元禄九年八〇石、安政二年二四五石余の知行高であったが、天保三年の場合、五郡一九か村に知行地が分散していた。その内、青崎村（現秋田市）には当高一五石の知行高があり、農民六人が耕作していた。その六人の内、最も耕作高の多い者（六石七六七）ではなく最も少ない者（〇石一七七）が組代となっている。また、乱橋村（現潟上市）と田草川村（現秋田市）の二か所では耕作者の中で最も耕作高の多い者が組代に、道川村（現秋田市）では一〇人中五番目の者が、北川尻村（現井川町）では一〇人中三番目の者が組代となっている。これらの例から組代は耕作者の中で最もその給人の耕作高が多い者が決定されているとは限らないことがわかる。また、久保田給人の湊氏（元禄八年知行高四〇石）の場合によると幕末期四郡六か村に知行村があったが、その内の二か村には組代が設定されていない。

以上から、給人がどのような規準で村に組代を設置又は不設置としたかや設置の場合、どのような条件で人選するのか等については全く不明なのが現在の状況である。

給分の年貢納入の村での責任者となった組代は、村の年貢米をとりまとめて給人の所に正確に輸送する役目があったから何らかの形で給人から手当（組代免という）が出ていたはずである。しかし、この組代免を明らかにしている報告は少い。旧太田町の『太田町史資料集　第七集』によると太田村の寛政七年から天保十二年（一七九五〜一八四一）までの間に複数の皆済御勘定目録が収録されているが、これらによると当高一五七石余の組代（鈴木）藤兵衛の組代免は一石四三三から一石五八五の範囲で年により多少変動している。このことから組代免は取扱う高の一％前後であったことになる。

蔵分《くらぶん》・給分《きゅうぶん》　〔武家分野（知行制度と財政）〕

蔵分は藩に年貢を納入する土地（または、その土地からの米での生産量を示す）のことを言う。蔵分からの収入は藩財政の中心で大名家の経費や藩政の運営にあてられた。一方、**給分**は家臣の収入となる土地（または生産量）のことを言う。

秋田藩で蔵分と給分の割合がわかる年は現在までのところ表1にあるとおり九期である。時期により両者の割合は多少変動するが基本的には蔵分が藩合計**当高**の三〇％余りで、その数量はおよそ八万石〜九万石程度であった。

一方、家臣収入分となる給分は七〇％前後で二〇万石〜二六万石の範囲であった。表から明

表1　蔵分、給分の割合

年	総当高	蔵分（割合）	給分（割合）	出　典
寛永2年（1625）	248.250石	79.680石（32.1%）	168.570（67.9%）	県史通史編 156P
正保2年（1645）	285.393石	79.391石（27.8%）	206.002（72.2%）	〃
寛文11年（1671）	329.162石	80.893石（24.6%）	248.268（75.4%）	〃　431P
貞享元年（1684）	347.038石	78.451石（22.6%）	268.586（77.4%）	沿革史大成 上
元禄15年（1702）	346.933石	83.117石（24.0%）	263.716（76.0%）	半田市太郎著「蔵分支配」中
正徳3年（1713）	348.750石	93.752石（26.9%）	254.998（73.1%）	〃
寛政6年（1794）	312.807石	90.329石（28.9%）	222.478（71.1%）	県史通史編上 156P
文化5年（1808）	327.449石	107.887石（33.0%）	219.562（67.0%）	西仙北町 山口家文書 6706
慶応元年（1866）	327.923石	113.716石（34.7%）	214.316（65.3%）	県史資料編上 306

表2　蔵分の割合の高い村

村　名	村当高	内蔵分高	蔵分の割合	備　考
西馬音内前郷村	1,028石201	975石029	95%	在郷町
湯沢町	1,609石687	1,385石518	86%	所預　南家居住地
横手町	1,274石925	1,274石925	100%	所預　戸村居住地
六郷高野村	557石706	480石884	86%	在郷町
大曲村	260石029	248石560	96%	在郷町
桧山村	669石690	669石690	100%	所預　多賀谷居住地
大館村	1,146石110	1,133石365	99%	所預　西家居住地
十二所村	498石058	498石058	100%	所預　茂木居住地

（寛政6　六郷惣高村附帳より作成）

らかなとおり蔵分の最高値は慶応元年（一八六五）で一一・三万石余、給分のそれは二六・八万石余の貞享元年（一六八四）であった。藩財政の中心部分をなす蔵分は藩総当高のわずか三〇%でしかなかったが、その蔵分地は領内の政治、経済、軍事上の重要な地点に設定されており、まさに藩直轄領であった。

領内の重要地点でこの事を見ると表2のようになる。南家や西家のような佐竹分家が駐屯する湯沢や大館、即ち分家支配のお膝元の町をはじめ所預《ところあずかり》が居住する地点の大半は藩の直轄領であったことがわかる。また、六郷、西馬音内、大曲のように定期市が開かれ経済活動のさかんな地点も蔵分割合が圧倒的に高い。このことから蔵入地の中には明確な意図により設定された地点が多いと言える。

次に、蔵分・給分の当高一〇石についての農民負担を比較すると、およそ次のようになる。

蔵分は当高《とうだか》一〇石につき、米六石六斗二升と小役銀三八匁であるのに対して給分農民の負担は米六石六斗二升と小役銀四七匁八分で、米の納入では差がないが小役銀部門で異なる。

武士の生活に必要な品物や人夫を提供するもので諸役とも表現される小役銀はぬか、春垣人足や詰夫、詰馬などが当初は現物で給人に納められていたが慶安期頃から銀納されるように変更されていた。給分地の農民の方が当高一〇石につき九匁八分負担が多いことになる。藩直轄領地であった蔵分の管理や年貢徴収業務は藩政初期、大身の家臣を中心に代官として任命し、これらの代官を通して年貢米や小役銀が納入される仕組になっていた。

承応二年（一六五三）以降寛文十二年（一六七二）までの間に作成されたと推定される「御蔵入帳」（佐竹文庫、県公文書館蔵）によると、佐竹河内（北家）を含め七九名が八万四〇八一石余の蔵分代官であった。その内、五〇〇石以上の大身代官は二七名で、全蔵入高の九五・四％を取扱っていた。しかし、天和三年（一六八三）に藩政開始以来続けてきた大身代官制を廃止して二六人の藩が任命した大番《おおばん》に属する不肖格《ふしょう》（七〇石以下三〇石以上）と近進並《きんしんなみ》の者が**郡奉行**《こおり》（農政担当の役人）の統括のもと蔵入地を取扱う制度に変更している。郡奉行制廃止以後は家老による直接統括となっている（「秋田藩における蔵分支配上・中・下」半田市太郎『経済学部紀要』一九八六年より）。

給分（地）を知る史料に「**御判紙**《ごはんし》」がある。二〇一六年五月現在で総数二二三家二九六点が確認されている。その内、複数の御判紙を持つ三三家を分析すると年代が下るに従い支給される郡の数と村数が増加する傾向にあることがわかる。例えば、湯沢南家の場合、正徳二年（一七一二）、三郡三四か村で八九〇〇石が、天保九年（一八三八）時五七一八石余に減少しているにもかかわらず四郡五六か村となっている。また、城下給人黒澤甚兵衛家の場合、元禄十五年（一七〇二）、五二二石余で三郡六か村であったものが天保九年時三九五石余で六郡一二か村となっている。このことは、特定地域（または村）を掌握する給人をできる限り作らない方針を藩当局が持っていたことと代知（地）支給の制度にともない、おのずから知行村数が増加する傾向にあった。

その結果、一人の給人が一つの村を単独で知行地とすることはほとんどなく、村は複数の給人による分割支配（このことを**相給**《あいきゅう》と言う）が一般的であった。例えば平鹿郡阿気《あげ》村（現横手市大雄）は寛政六年（一七九四）給分二一七五石の大村であったが、天明三年（一七八三）の史料によると横手所預の戸村十太夫をはじめ同族一学、渋江十兵衛ら七〇人の給人が同村に知行地を配分されていた。これらの相給現象は農民側から見れば年貢を納めるべき給人が一人なことは稀で、常に複数の給人が一人の農民に存在していたことにもなる。例えば、仙北郡国見下郷村（現大仙市太田町）文久二年（一八六二）時、同村の農民一〇八人が年貢を上納すべき給人はのべで二一七人であった。その内一人の農民が持つ給人数の最大人数は七人であった。

このことは給人から見ても同様で今宮大学をはじめ二二人の給人がいたが一給人当り最大農民数は酒出和泉の四八人で一給人当りの平均農民数は九・一人であった（『秋大史学』54号　茶谷十六「秋田藩における地方知行制の実相」より）。そのため給人ごと村での年貢を取りまとめる責任者を農民の中から定めていた。その者を**組代**《くみだい》と言う。この組代に給人が支払う手当を組代免と言うが、その組代免は組代が取扱う当高の一％余りが一般的であったようだ。

以上から秋田藩の地方知行制は給人にとり村および農民を単独で支配することは不可能な体制であった。給分村とその知行高を諸台帳から配分し、御判紙に記入し、発行する役所は「**御金蔵**」と呼ばれる部署であったが、この役所には御判紙に知行地を正確に誤りなく配分できる人材と種々の基本台帳が整えられていたことになる。「御金蔵」の研究はいまだ手付かずである。

鉱《こう》山《ざん》に関《かん》する用《よう》語《ご》

〔産業・運輸（鉱業）〕

【組織部門】

山《やま》奉《ぶ》行《ぎょう》　鉱山支配の藩の役人の代表者で梅津政景など重臣が任命されている。鉱山町での鉱山と民政、徴税、司法、処刑などすべての最高責任者。

御《おん》蔵《くら》方《かた》　山奉行配下の役人で鉱山に運ばれて来る米穀の管理と生産された金や銀、銅を藩に納入する担当者のこと。

十分一役人　鉱山町に設けられた十分一の役所に勤務し、鉱山町に出入する品物から一〇％（十分二）の課税を徴収する担当者。院内銀山の場合、初期の直山時には二人が任命されていた。

山《やま》長《おとな》　山奉行を補佐する者のことで、鉱山の仕組などに精通した鉱山町に居住する浪人などがなっていた。

山《やま》廻《まわり》　山奉行の配下で鉱山町での種々の違反を取締った者達で鉱山町に居住する浪人がなっていた。

番役所役人 鉱石を隠れて鉱山町から運び出せない様に番所が鉱山町の出入口に設けられていた。鉱山町に居住する浪人らが受け持っていた。

髪結《かみゆい》 鉱物の荷づくりを担当する人達。

山師《やまし》 自己の資金と責任で坑道を掘り鉱石を掘り出す経営者で彼らの配下に金名子、寸甫《すんぽ》、大工、掘子などが所属していた。

金名子《かなこ》 採掘坑の経営者のことで、その下に大工、掘子、鍛冶屋など五〇人前後が従属関係強い組織を作り上げていた。

寸甫《すんぽ》 測量技術者のことで坑道でどの方向にどれだけ掘ったかを計測する人物。

大工 坑道内で壁や天井からの岩の落下や崩壊を防止するため木材を使い補強工事をする技術者。

床屋 鉱石から鉱物を精錬する技術者のこと。

堀子《ほりこ》 坑道から鉱石やズリ（精錬にまわらない質の落ちる廃鉱石のこと）を搬出する人で主に地元民が従事していた。

【経営関係】

直《じき》山《やま》　藩が直接経営にたずさわる形態。

請《うけ》山《やま》　鉱山の経営を商人に委託し、藩は一定の運上金を経営者から徴収する形態。

※院内銀山は江戸初期石見銀山とともに日本最大の産出量の鉱山であったが、その経営形態は銀の産出が開始された慶長十一年（一六〇六）から享保九年（一七二四）までは直山。それ以後文化十三年（一八一六）までは請山。翌十四年からは再度直山経営となっている。

【坑道関係】

間《ま》歩《ぶ》・鋪《しき》　鉱石を掘り出す坑道のこと。

鏈《ひ》・鏈《くさり》　有用な金属を多く含んでいる鉱脈のこと。

横《よこ》相《あい》　鉱脈に直角に掘る坑道の掘り方。

樋《とよ》引《ひき》　坑道内に貯った水を坑道の外に排水する労働者のこと。

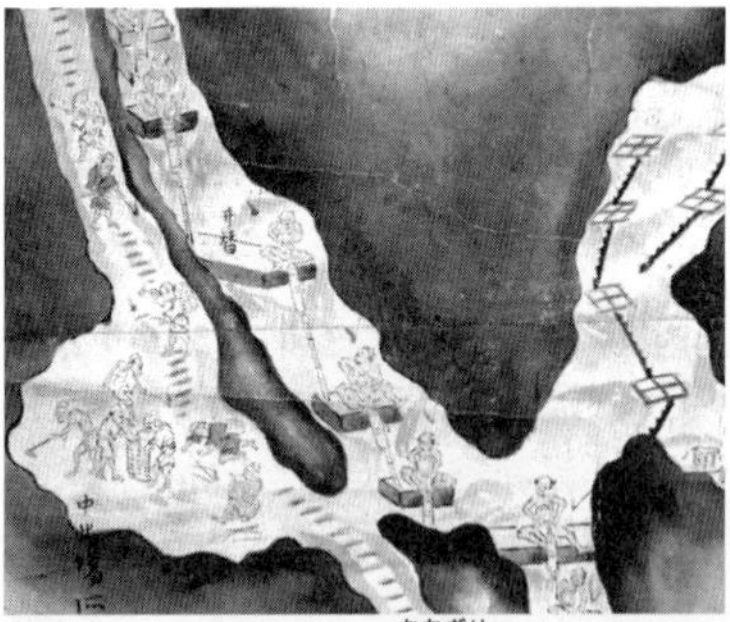

図１　院内銀山の大切坑《おおぎり》（水抜坑）で排水をする「樋引」たち「院内銀山絵図」（秋田大学鉱業博物館所蔵）より

樋《とい》屋《や》

坑道に貯った水を吸いあげる木製の管を作る職人のこと。

烟《けむり》抜《ぬき》

排気坑のことで、地下深く掘られた坑道に新鮮な空気を供給するための施設。

大《おお》切《ぎり》山《やま》

間歩と間歩との間を連絡するために作られた横坑のこと。

鉉《つる》・白《は》鉑《く》

鉱石のことを言う。

山先

山師の中で鉱脈のある場所をさがした者に与えられた資格で鉱業部門だけではなく鉱山町の統制について山奉行の相談を受け一定数の床屋の税を免除されて経営することが許される特権を持っていた。

切《きり》羽《は》

坑道で鉱石を掘っている作業現場のこと。

研

ズリのことを言う。

水坪《みずつぼ》　坑道の中での貯水場のこと。

荷《に》　鉱石をかますに入れた袋状の荷物のことを言う。

【精錬関係】

板取《いたどり》　粉状に砕いた鉱石を六〇～七〇㎝の板の上に乗せ、水をかけて鉱石以外の不用な砂を揺り捨てる方法のこと。

流し《なが》　板取での揺捨てでは廃石粉に依然として少量の鉱物分が含まれているため、木綿を使って金属部分を選別すること。この作業は鉱山町の婦女子が行っていた。

灰吹法《はいふき》　銀を大量に含む鉱石に鉛を混ぜて炭火で高温にして銀と鉛の混ったもの（これを**貴鉛**《きえん》という）を第一段階として作り出す。その後、この貴鉛に更に高温で融かして触媒の役割を果たしていた鉛を灰に吸わせることで銀から切り離し、より純度の高い銀のみを精製する方法のことを言う。この精錬を担当する職人を床屋と言う。

買石《かいいし》　選鉱と吹床の一部を経営する商人で山師が掘り出した鉱石を買い取り、それを精製して御蔵方に納める人のこと。

極印銀《ごくいんぎん》

（別名「切り銀」）　〔経済・貨幣〕

秋田領内の銀山で産出された銀の地金（銀の延板）に、その地金の価値を証明する極印（刻印）が打たれた銀貨のこと。主に秋田藩領内で利用された。

寛永七年（一六三〇）、仙北郡土川（現大仙市土川）今泉村からのぬか・わら代銀受取手形（『県史』資料近世上、五一六頁）に「**極印銀**百匁六分請取」とあるように村から給人への年貢納入に、また「極印銀四七七匁六分、たしかに受取った。これは江戸行きのためである」延宝七年（一六七九）給人の今泉三右衛門から下淀川村肝煎宛（下淀川村武藤助左衛門家伝来文書）とあるように、村から給人への支払いに江戸時代の初期から極印銀が一般的に使用されていた。また、有名な日記『梅津政景日記』の中で鉱山や林業の中で日常的に極印銀が使用されていたことがわかる。

これまでの研究や今もわずかに残る現物の極印銀から地金を供給した鉱山と極印銀を鋳造した場所は

• 院内銀（院内鉱山産出銀使用）、• 湯沢銀（松岡銀山銀）、• 横手銀（増田銀山か?）、• 角館銀（荒

川・畑銀山銀）、・久保田銀（院内銀山銀）、・野代銀（八森銀山銀・阿仁銀山銀）と六か所と推定されている（『秋田貨幣史』佐藤清一郎著）。極印銀の表面には、鋳造した地名を打ち込んでいたので「角館」・「横手」・「窪田」・「院内」などの文字を方形や六角形の枠の中に印《しるし》として読みとることができる。極印銀は小判や一分銀のような計数貨幣ではないので、取引きの時にはナタやタガネで必要な重量が切り取られ秤りで量られていた。そのため「切り銀」とも言っていた。このような貨幣のことを秤量貨幣《ひょうりょうかへい》と言っている。秋田藩では初期から一七世紀後半の元禄期前後まで取引きの基本は金ではなく銀であったが、それは大坂を中心とする上方経済圏が銀中心（銀建て）であったからだ。西廻海運で大坂と深く結び付いていた日本海岸諸地域は必然的に銀建て経済圏になったとも言える。一方、江戸と結びつく東廻海運地域の太平洋岸諸領は金で物価を表示する金建てであった。

藩は領内で一番使用される銀を確実に藩財政の中に取り込むため、これまで村から現物で納入させていたワラ・ヌカ・釜木・人足などの諸役を慶安四年（一六五一）に「小役銀」として極印銀による貨幣で納めさせることに変更した。その額は蔵分（藩の収入となる高）では当高一〇石につき三八匁、給分（家臣の収入となる高）では四七匁八分であった。この制度により農民は貨幣をできるだけ使用せず、自給自足で生活すべき方向から最低でも当高一〇石につき給分地の場合、四七匁八分の銀を何らかの方法で手に入れなければ年貢納入の際不都合なことになる社会に変化した。このことは農民が貨幣経済の社会に必然的に巻き込まれることを意味していた。

元禄八年（一六九五）、幕府は財政窮乏対策として実施された元禄小判の鋳造で上質な秋田極印銀は遂に全面的に使用禁圧となった。極印銀を質の悪い幕府鋳造の丁銀・小玉銀に引き替えるのを渋る者が多く、元禄十年頃までかかったとされる（『上肴町記録』）。

最後に三貨の変換比率はおよそ次のようであった。

金一両＝銀五〇匁＝銭四貫文

一七〇〇年代に入ると、銀六〇匁となり銀の評価は下る。変換比率は年代、地域により激しく変化するので相場計算の時にはできるだけ地元の、近い年代のデータを使用することに注意したい。なお銀一匁＝三・七五gである。

参考資料　金一両の銀相場

明和八年は六七匁三分（『町触』上）

寛政十一年は六〇匁四分（『田村郷日記』）

天保十二年は六四匁八分（同上）

石《こく》盛《もり》

〔地方知行制（農村と武士との関わり）〕

耕地一反歩（三〇〇坪）当り。どれだけの生産高があるかを武士側で定めたもの。この石盛の起源は豊臣秀吉による太閤検地の際「天正の石直し」と称される田畑一反歩当りの公定生産高を示したことにはじまる。

田の場合は収穫される米の量（反当生産米高）で、畑の場合は生産される作物を米に換算して示している。秋田藩では、この石盛を斗代（とだい）と表記している。

田及び畑を生産条件を基準として基本的に四区分して各田位ごとに石盛(斗代)を定めている。

それを表にすると表1のようである。

苗代には斗代がないが屋敷地は下田扱いで斗代が設定されている。秋田藩の斗代は太閤検地と比較すると上田・中田は同一で、下田は太閤検地より秋田藩の方が一斗低く、下《げげ》(下々）田では

表1　秋田藩の石盛
(斗代)（面積1反につき）

上　田	1石5斗
中　田	1石3斗
下　田	1石
卞　田	7斗
上　畠	5斗
中　畠	4斗
下　畠	3斗
卞　畠	2斗
屋　敷	1石

表2　本荘藩の石盛
（面積1反につき）

上　田	1石6斗
中　田	1石4斗
下　田	1石2斗
上　畠	3斗2升
中　畠	2斗8升
下　畠	2斗4升
苗　代	1石6斗

二斗同じく低く設定されていることから厳しい石盛とは言えない。石盛は藩によって多少異なるが、表2は由利の本荘藩六郷氏領の石盛である。秋田藩より田の石盛が高く、しかも三区分であるから農民には厳しい設定と言える。しかし、畑は逆に秋田藩より低く評価されている。また、屋敷地には石盛が設定されていないかわりに苗代が上田扱いである。

そのため本荘藩領では貢租対象とならない屋敷地を広く持ち、その屋敷地内に畑を作るなど庶民の知恵と工夫が見られた。本荘城下近郊の薬師堂村の寛政十二年（一八〇〇）の検地帳によると、名主甚兵衛の持高は二〇石余で八反一七歩の屋敷地を持っていた。村全体では全戸数四九戸の平均屋敷面積は五二五坪であった。一方、秋田藩領今泉村の後竿検地（正保四年・一六四七）では二二戸で平均七〇坪、最大屋敷地は一二〇坪の一軒であった。明らかに石盛の有無が屋敷地の広狭を決定付けていたと言える。

御判紙《ごはんし》

〔武家分野（知行制度と財政）〕

秋田藩の御金蔵と呼ばれる役所から直臣で知行取りの者に知行高と、その内訳を村名およびその村での知行高を示した書状のこと。

時の藩主の黒印が押されているため交付された武士にとって大切な書状であった。

荻津半左衛門の元禄十四年（一七〇一）九月十九日の御判紙を例として、①書状の形式　②書状の形状　③藩主の黒印　④紙質　⑤発行は何に起因するか、以上五点を中心に「御判紙」を見ると次のようになる。

①書状の形式（図1参照）　交付された時の状況を忠実に残している場合、図1のように「御判紙」を包んだ包紙がある。この包紙の上部に「御判紙」と書かれ、下部には交付を受けた武士名が書かれている。この包紙の中に「御判紙」が五・五～六・五㎝の幅でたてに折りたたまれて入っている。

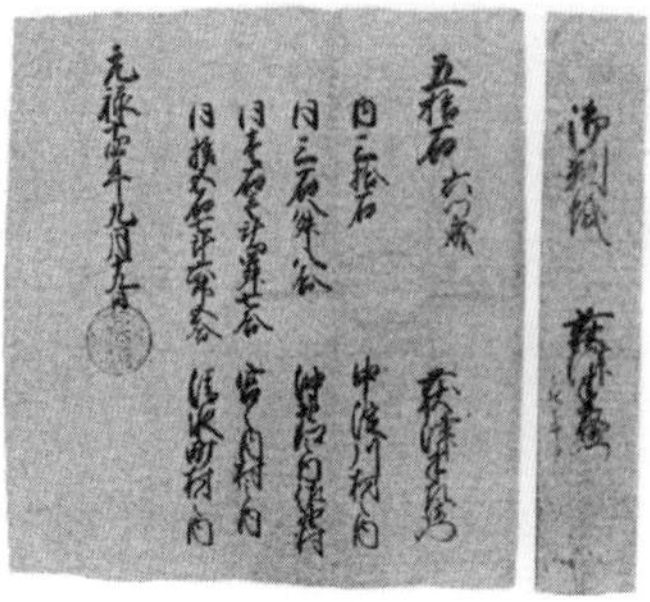

図1　荻津半左衛門　御判紙
（秋田市立佐竹史料館 展示解説資料より）

包紙の文字は御金蔵の役人が書いたと推定される。書状の第一行目に大きな文字で知行高が何石と書かれ、その右脇下に「六ツ成」とある。このことから知行高は当高で示されていた。第二行目からは知行高に相当する村名と小分けされた村毎の当高が一段下った位置から書き始める形式で示されている。村高の全てが与えられた武士の知行地ではないのがほとんどで「何何村之内」とされている。このことから各村には複数の武士が知行地を持っていたことになる。書状の左端には、この書状の中で最も高い位置から書かれる形式で交付した年月日が書かれ、最終の文字に重ならないように時の藩主の印が黒印されている。

以上、見て来た書式は時期や武士の格の違いなどに左右されずほぼ統一されている。唯一、時期によって変化するのは萩津半左衛門の御判紙にはないが現在確認できる中では寛文十二年（一六七二）七月十日付け石井内匠（八拾石）が初見で本田以外の場合に「開」の文字が、また宝永六年（一七〇九）十月七日付け小川九右衛門（二百二拾五石）で「郡名」が新たに加わっている。

なお、この頃「仙北郡」を「仙乏郡」と表記している。

②書状の形状　御判紙のたてと横の長さを中心に書状の形状を見ると次のようになる。

知行高が高ければ知行村の数が多くなるため必然的に横は長くなる。そのため、形状のひとつの目安はたての長さになる。これまでに計測できた御判紙から元禄期（二点）、宝永期（一点）は三四・三cm、宝暦期（二点）は三二cm、寛政・天保期（各一点）は三二・五cmとなっており最長なのは元禄期で最短との差は三・三cmである。

③藩主の黒印　三代義処の印章の枠は三重枠になっており「義處」の文字の左右は唐草模様となっている。四代義格のものは三重枠の中が唐草模様に変化している。五代義峰のは二重枠に変更され文字左右の唐草模様は前代より細かく刻されている。八代義敦期のもの三

点はすべて宝暦十四年（一七六四）五月二十八日付けである。一重枠となり義敦の二文字の上下に唐草模様が入り込んでいる。九代義和は前代と比較すると一重枠が細くなっている。一〇代義厚も一点で唐草横様が細かくなり量的にも多くなっている。

④紙質　御判紙の紙質は他に例えようのない程丈夫で厚手である。紙を扱う専門店に聞いても正確な答えが返ってこない。

いわゆる奉書紙に属する紙と思われる。紙の厚さを表現するため元禄十四年（一七〇一）荻津半左衛門の御判紙の大きさ、たて三四・三㎝、よこ三二・七㎝と同じ面積のコピー用紙（中性紙A３判）で重量を量るとコピー用紙が七・五g、御判紙は一四・七gであった。中世以来高級な文書用として利用された越前または加賀産の奉書紙を秋田藩は家臣に下す書状に使用していたことになる。

⑤発行は何に起因するか　御判紙が発行される要因に次の三点が考えられる。

第一は藩主交代時に発行との考えがあるだろう。これは、次の資料から違うと考えられる。即ち、三代義処（寛文十二年二月から元禄十六年六月）に関わる御判紙が現在一三点確認できるが義処襲封の寛文十二年（一六七二）のものはその内わずか二点のみである。第二の考えは給人の家での家督交代時に交付されるとする説である。しかし、黒沢甚兵衛家の三点の御判紙（元禄十五、享保七、天保九）と当主が家督を継いだ時期（天和元、享保三、文政五）とは一致しないことからこの説にも無理がある。結局、第三の考え方、知行高に変化があった折に交付されるとの考えが最も妥当な線と言えるだろう。このことは十二所給人石井太郎兵衛で傍証される。寛文十二年（一六七二）の御判紙で二〇石であった太郎兵衛はそれから四年後の延宝四年（一六七六）に二五石に加増された御判紙を受けている。また、現在まで確認できた二二三家二九六点の御判紙の内、同一家で複数の御判紙を持つ三三家一六三点の中で知行高及び知行村ごとの当高すべてが同じ御判紙は久保田給人湊氏の明和九年（一七七二）と弘化三年（一八四六）のわずか一例のみであることによっても妥当と考えられる。

次に御判紙に関わる興味深い史料を紹介する。

来月二日知行／御判紙御引替被下候／間右／御判紙并御朱印共／持参五ツ時登／城可有之候　以上／　六月廿九日　（三森勇太宛・三森家文書）

これは、大番組の諸橋吉兵衛と秋山宇吉の名で三森勇太に宛てた書状で、新御判紙を渡すから以前の御判紙と御金蔵が発行した上り地支配を認めた朱印のある書状を持参して七月二日に登城せよとの通知書である。御判紙下付に際しての登城命令の内容を知ることができる貴重な史料と言える。

御判紙は武家にとり大切な書状であったから毎年〝虫干〟を行っていた。その事は『渋江和光日記』（文政三年〈一八二〇〉七月二十四日の条）でわかる。

一　四ツ半頃より、御判紙干申候、所々より被頼居候御判紙ハ、其主人参干申候、

渋江家の櫛形之間で渋江家に伝わる代々の御判紙と親しい友人達が持ち寄った御判紙が一斉に広げられ虫干された。これ程、細心の注意が払われて来たはずの渋江家の御判紙は今に伝わっていない。

御判紙がどのようにして守られ、保存されて来たかを物語る資料が三森家に伝わる「嘉永五年（一八五二）八月改之　御判紙　三森氏」と墨書された桐箱とこの箱を非常時に持ち運び出来るよう工夫された布製袋（上・下にヒモあり）の二点である（写真2・3参照）。この箱の中に元禄八年（一六九五）と天保三年（一八三二）の御判紙及び御金蔵からの上り地配分三件、そして登城命令書三通が保管されている。

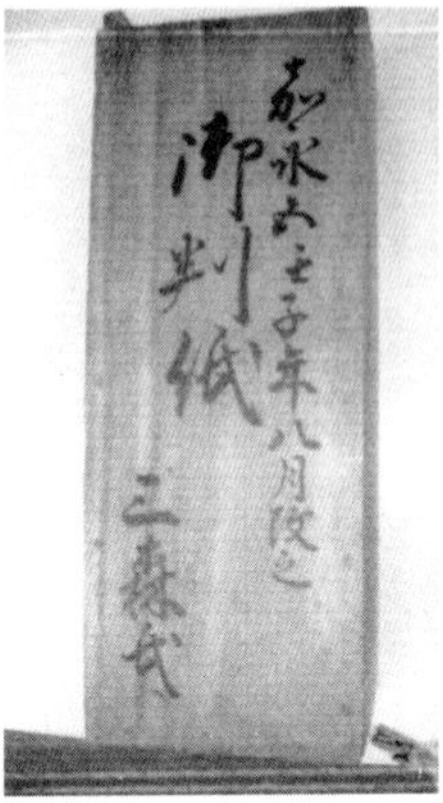

図2　三森氏
御判紙箱（桐製）

図3　三森氏
御判紙背負い袋
（布製）

現在まで二二三家二九六点の御判紙が確認されているが、まだ県内には未確認の御判紙が多数あると思う。一点でも多くその所在が明らかになれば秋田藩の地方知行制がより解明される。

さ行

先竿《さきざお》・中竿《なかざお》・後竿《あとざお》〔武家分野（知行制度と財政）〕

佐竹氏が秋田に移動した直後から前後三回にわたり実施された領内総検地のことを言う。**先竿**とは、第一回検地のことで慶長七年から翌八年（一六〇二〜〇三）にかけて実施された。それからほぼ一〇年後になる慶長十九年（一六一四）、先竿以降の新田開発や生産力の向上によって生じた村高の変化を確認するため第二回目の総検地即ち**中竿**が実施された。一般的傾向として村高は先竿に比べ増加したうえ、田位（耕地の生産力を総合的に区分する基準）決定が前回より厳しかった。そのため貢租負担が増加し困窮する村が続出した。このような状況を解決するため中竿検地の見直し的色彩が強い**後竿**検地が正保三年（一六四六）から慶安元年（一六四八）にかけて実施された。

以上、三回にわたる総検地以降は村からの再検地の要望に応ずる形で個別的に実施した検地―これを**打直し検地**と言う―となる。三期の領内総検地は一七世紀の初期から中期にかけての秋田藩の農村状況を知ることができ、この記録である検地帳は村と藩にとって重要な台帳とされた。これらの検地帳は原則的にはそれぞれの村で永久保存文書として代々大切に保管される取扱いであったが、火災・水害などの自然災害や虫害などにより失われた村が多く、今日まで残っている村は極くわずかである。調査不足もあるかもしれないが、市町村史を参考として三期の中で比較的多く残っている後竿は仙北・平鹿・雄勝の三郡のみ調査し、先・中竿は確認できる全点数を列記すると次のとおりである。なお、村名の（　）部分は、現在分析結果が印刷化されているもので、その出典を示したものである。先竿、中竿の検地総責任者は渋江内膳政光で、その補佐に当たったのが旧小野寺氏の家臣から佐竹直臣となった黒沢甚兵衛道家であったと伝えられている。三回の検地を実測した検地チームの人名や何組あったのか、何日かかったか、どのような順番で村の全耕地を実測したのかなどは、今の所研究されていない。

〔先竿〕　四か村
秋田郡北比内川口村（『県史』近世上、二二八頁に分析表あり）
秋田郡北比内花岡村
秋田郡兄之内川井村（『県史』近世上、二二九頁に分析表あり）
仙北郡土川今泉村
〔中竿〕　一〇か村
秋田郡白水沢村

秋田郡花岡村
仙北郡土川今泉村（『県史』近世上、一二二六頁に分析表あり）
平鹿郡八沢木村
雄勝郡飯沢村
〃 大館村
〃 三又村
〃 下仙道村
〃 堀廻村
〃 稲庭村
〔後竿〕仙北・平鹿・雄勝三郡で一九か村。給人分付登場する
正保四年
仙北郡六郷本館村、川内池村、土川今泉村
平鹿郡明法村、東里村、西野村、造山村（以上三か村『雄物川町史』に分析表あり）
腕越村（『十文字町史』に分析表あり）
雄勝郡堀廻村
慶安元年

仙北郡羽貫谷地村、東長野村
平鹿郡八柏村（『大雄村史』に分析表あり）
　海蔵院村、住吉村
雄勝郡飯沢村、赤袴村、三又村、大倉村、川連村

指《さし》（差）紙《がみ》・指紙開《さしがみびらき》・高結《たかむす》び　〔武家分野（知行制度と財政）〕

指紙は、秋田藩で新田開発を実施したいと申請した者に対して発行した開発許可の書状のことを言う。また、この指紙の許可書を根拠として開発された新田開発のことを**指紙開**と言う。

以下、実際の書状を例としながら指紙の文面の概略を見ると次のようになる。

一①いさのやち　一牛立場　②新開之事相心得候　③地形様子より鍬先次第⑤たるべく候
④但本田さハリニなり候ハゞ可相止候　田畑ニ不開以前かり付候所之よしかや押
間敷候　以上
⑥元和八年二月十八日

梅津半右衛門⑦
斉藤清左衛門分⑨
助川小右衛門⑧　殿

①開発地点を示す。一般的には増田之内、舟岡庄内村之内、太平之内、沼館村之内とある様に村名、之内となり次に開発地の小字の順に書かれているのが多い。このケースの場合には村名が示されておらずただちに小字記入となっている。同年同月に発行された他の指紙では男鹿之内町田村、男鹿之内浜間口村などと村名が入っている。

②「新開之事相心得候」と新田開発を藩として承認するとの文面である。延宝期になると「新開」の用語以外に「畑返り」の文面が多くなる。荒廃した旧畑の再興の場合の用語と考えられる。

③「地形様子（ニ）より鍬先次第」。許可した地点について地形のゆるす限りどこまでも開発して良いとしている。このことが「鍬先次第」の文面となる。

④「但、本田（の）さわりになり候はゞ…」。これはどこまでも自由ではなく、既に開田されている本田（佐竹入部以前に既に開かれていた田のこと）の障害になるのであれば開発はそこで中止すること。このことは指紙開による新田開発が既存の耕地に障害をもたらすことのない限りでの許可であることを示し開発に一定の制限条項を設けていた。

⑤開発地の中に以前から農民が利用して来たヨシやカヤの場所がある場合、これらを利用する

ために農民が刈取ることを妨害してはならないとしている。ヨシやカヤは農家の屋根葺に防風、防雪用として利用していたからであった。このことは開発により周辺農民の既存権益が制限されるのを防止することで積極的な耕地拡大を農民の協力のもと図りたい藩側の態度とも言える。

⑥申請を許可した年月日。後述するが元和・寛永期と延宝期の二期に申請が集中しているのがわかる。

⑦新開の申請を許可した人物を示す。主にその時期の家老による許可であった。単独の場合と

表1　指紙(差紙)調査件数とその出典

出典	件数	有効件数
A	130	130
B	39	16
C	56	48
D	25	25
E	39	34
F	15	12
G	8	3
H	43	42
合計	355	310

有効310件の年代別件数	
慶長	3件
元和	79
寛永	96
正保	7
慶安	23
承応	1
明暦	1
万治	1
寛文	2
延宝	83
天和	10
貞享	1
元禄	3
	310件

・申請者分類

肝煎　8件…天王、本堂、沼館(2)、大川(2)、五城目、八田

農民　15件…沼館(2)、扇田、赤衿、森、関口、舟岡(4)、浜中、南形、高口、植田、作山

複数給人　21件

・記載形式で特色あるもの

～分　とあるもの　43件

・出典

A．秋田郡村々御指紙写、払戸渡部家文書

B．県市町村史～五城目、八郎潟、藤里、二ツ井
秋田市史、秋田県史、横手市史

C．大仙市境鈴木家文書

D．佐竹南家文書

E．東山文庫（県公文書館 AH611-102）

F．湯沢市立図書館（D1～D14）

G．早川文書（湯沢市立図書館）

H．大仙市南外渡部家文書

複数の場合がある。今回調査した三一〇件（表1参照）での内訳を見ると単独が一八〇件、二人が一〇四件と圧倒的に多く三人が一三件、記載なしが同じく一三件であった。中でも多いのは梅津半右衛門、向右近、渋江宇右衛門、梅津茂右衛門らであった。

⑧新開を申請し、許可された人物を示している。表1に見られるとおり基本的には給人中心であるが例外的に村役人の肝煎の場合が八件ある。五城目三内肝煎甚左衛門と村名と肝煎とが記されている。この他に肩書がなく村での立場は不明だが沼館村新介、舟岡佐吉、植田村善右衛門とある様に村名付きのケースが一五件ある。給人が自己の資金を投入し自らの知行地付近を開発するために指紙を得るのが一般的な傾向であったから、これら肝煎や農民は村の中での立場が高く財力にも恵まれた人物たちと推定される。しかし、給人ではなくなぜ農民が申請者となったのかは不明である。次に申請者は一人が多いが給人二〜三人の複数連名で許可を受けている場合が二一件見られるが、これら給人間の人間関係は目下の所不明である。

⑨有効件数は三一〇件の内四三件にある記載形式で、しかも、このすべてが出典Aである。記載された人物は例にあるように給人と推定される人名ばかりである。その内白土庄兵衛（一〇五石余）、滝円之助（九〇石余）、武石角之丞（三五石余）、岡半之丞（二六八石余）、小野寺桂之助（二一六石余）などが文化八年（一八一一）時の久保田分限帳（県公文書館

A−25−106）に記載された人物と一致している。更に、寛永二年（一六二五）に志賀藤兵衛が得た添川川向三本松が真崎勇助分となっているが、この真崎勇助は天保十二年（一八四一）生まれであることなどから指紙交付時の申請者（⑧）の持つ開発権が文化八年（一八一一）以降の江戸後期に他の者に移動した姿を示していると考えられる。ゆえに、指紙発行当初は⑨の記載はなかったと思われる。

指紙によって開発された高は開田後数年を置いて藩の検地役により測定され（文面表現では〝急度可有披露〟）た。藩では開発費用を負担した給人たちに対して、これらの新田から生み出された高を給人本人の知行高に上乗せする方法をとった。このことを**高結び**（当時の表現で〝結び高〟）と言う。常陸から減封移封の佐竹氏にとり指紙開による家臣の知行高の増加は開発への意欲をかきたてるとともに安定してきた農村での二、三男が独立し得る絶好の機会ともなった。秋田藩の初期一〇〇年間における当高の増加の主な理由はこの指紙開による新田開発によるものであったと言える。指紙開の後の高結びによる知行高増加の典型的事例として良く利用される梅津半右衛門家を正徳四年（一七一四）「御国中分限帳」で見ると梅津外記、知行高八三〇〇石、内本田二〇〇〇石、開六三〇〇石とある。本来の知行高が二〇〇〇石に対して「開」すなわち新田分が本来の知行高の三倍を超える六三〇〇石であった。これは半右衛門家による新開、すなわち指紙開とその後の高結びによるものであった。指紙三一〇件の内、申請者が梅津半右衛門家に関わる件数が二九件ある。指紙地は秋田市周辺では楢山明田、柳田、八田、大野、豊巻など、県南では沼館の今宿、西野、金沢前郷、仙北黒沢、男鹿地域では琴川などであったからこれらの村々に梅津氏の知行地があったとも推定される。

佐竹式部家《さたけしきぶけ》

〔武家分野（格式）〕

二代藩主佐竹義隆の子義寘《よしおき》を祖とする佐竹宗家の分家のこと。初代藩主義宣の弟の義勝は福島会津の名族芦名家を相続した。関ヶ原合戦後、兄と共に秋田に下り角館一万五〇〇〇石を支配していたが、その芦名氏が後継者のないまま承応二年（一六五三）六月断絶となった。その芦名氏の旧領の一部八〇〇〇石を分与されたのが佐竹義寘であった。元禄十四年（一七〇一）に二〇〇〇石を加増され知行一万石となる。江戸深川木場に二七〇〇坪の屋敷を拝領している。初代の孫の義堅《よしかた》が宗家五代佐竹義峰の後継者（後の義真《よしまさ》）として養子になったため宗家から分知されていた式部家領一万石は宗家に返上され式部家は享保十七年（一七三二）に廃家になった。そのため同家が抱えていた家臣団は浪人身分となった。

鹿《しか》狩《が》り・鹿《しか》追《お》い

〔生活・その他〕

平成二十二年七月四日付け秋田魁新報社「北斗星」に次のような文が載っている。

「（前略）江戸時代まで県内各地に生息していたと見られるニホンジカ。縄文の昔から狩猟の対象であったらしく骨が鏃と共に出土した遺跡もある。（中略）二〇〇二年作成県版レッドデータブックで「絶滅種」に指定されている。ところが近年、同市（大仙市）や横手市、男鹿市など各地で目撃されるようになった。先月二十九日に仙北市西木町で秋田内陸線の列車に接触しけがを負った若い雄シカが県鳥獣保護センター（五城目町）に保護された。実は、全国的にはシカは増加傾向にある。東北の中部や太平洋側では農作物や森林の食害が深刻な問題に。」

この記事を見たとき、これまで深く気にも止めてこなかった『国典類抄』の記事を思い出した。それは、藩制期男鹿半島で藩が幾度となく実施した「鹿狩り」の事である。以下、秋田藩で行った「鹿狩り」の記録を藩及び武家記録から拾い集めてシカの食害を検討してみた。

一、各種の史料に見る男鹿の鹿狩り、鹿追いの記録

（1）元禄十五年（一七〇二）一月二十四日の条（「岡本元朝日記」から）

舟岡村のまたぎ、旧冬より男鹿へ参罷在候へ共、雪少故鹿取不申候、漸三ツ留候、皮三枚持参いたし候、其内壱ツ白鹿あり、何も少ク候。

現在までのところ、この記事が男鹿の鹿狩りを示す最も早い例と考えられる。なぜ、鹿狩りをするのか、その理由が書かれていないが後の記事から推定すると作物を食い荒らす食害被害に苦しんだ半島の人々からの訴えにより藩が旧協和町船岡に居住するマタギを派遣したようだ。この年は雪不足のため鹿が身を隠す藪が残っていたためわずか三頭しか退治することができなかったとある。注目されるのは舟岡村でマタギが活動していたことだ。従来、阿仁地域のマタギの存在は広く知られているが太平山山麓の舟岡マタギは確認されていなかった。また、鹿狩りの実務担当者が後には藩兵なのに、ここでは狩りの専門集団のマタギを派遣していることだ。

（2）同年八月十九日の条（『前掲同書』）

男鹿ニ鹿多罷出、田畑へあたり候由、鉄砲打被仰付被下度旨百姓共申立候故、士鉄砲申付遣候、是近年江戸御法度故、狩不申候故ケ様ニてさわりニ成候事候ハゞ、領主へ申立領主之申付ハ不苦と、其以後江戸向相済候故、右之通ニ候仙乞田沢檜内ニてハ熊・猿多田畑又ハ人ニあたり候由所より申立候間、是も鉄砲打申付遣候、この史料で注目されるのは「近年江戸御法度故」の部分。時の将軍は五代徳川綱吉だから、彼が出した有名な法令「生類憐みの令」がこの「御法度」に該当する。貞享二年（一六八五）に初めて出された生類殺生禁止令は天下の悪法とされ民衆から非難されたが綱吉が没した宝永六年（一七〇九）、六代将軍家宣の時廃止されるまで効力を持っていた。

この事実を前提として史料を見ると、禁止令のため鹿狩りはできないが人々に害がある場合領主に訴え、領主が許可した時は認めると理解できる。そのため田沢湖付近の檜木内（旧西木村）で熊・猿の食害や人に被害があり地元からの訴えで鉄砲による駆除を行ったことが分かる。この記事では檜木内の駆除対象に鹿が入っていないので鹿による食害は男鹿半島で特に甚大であったと思われる。「男鹿」の地名から分かるように古来から鹿が多く生息していた地域のようだ。『秋田大百科事典』（秋田魁新報社）によると、戦国期この地域の支配者であった安東氏の時代に狩り尽くされたようで、秋田藩二代藩主佐竹義隆の時に武具用の皮を得る目的で数頭の鹿を野に放したところ予想をはるかに超え田畑を食い荒らすほど急激に繁殖したとある。（磯村朝次郎氏担当）。義隆が藩主に就任したのが寛永十年（一六三三）だから、仮にこの年数頭を野に放したとすれば食害に苦しむ地元から駆除の訴えがあった初出が元禄十五年（一七〇二）だから、この間約七〇年で大増殖したことになる。

（3）宝永三年（一七〇六）一月十六日（『国典類抄』軍部）

男鹿嶋ニ鹿多在之、数年田畑損亡申ニ付江戸江御訴、今日御代官田口徳右衛門近郷之土民三千人、御中間拾人、猟師三人召連往而鹿狩ス、侍鉄炮四人被遣、鹿六拾三頭留候而帰ル。

これまでの記事と違い男鹿地域担当の代官の田口徳右衛門（宝永五年分限帳で知行五六石）が中間十人の協力のもと男鹿の近郷農民三千人を勢子として動員し猟師（マタギと推定）三人と侍鉄炮とあるから鉄炮足軽四人、合計七丁の鉄炮で六三頭を駆除している。徐々に鹿狩りの規模が大きくなっていることから食害の拡大と藩による本格的な対策が開始されたことを物語っている。勢子三千人の動員は経費をともなうから鹿狩り出費は以後増大の一途を辿ることになる。

同年一月二十日の条（『平沢通有日記』から）

男鹿嶋、鹿多先年より田畑及損亡候故、毎年江戸表へ御窺鉄炮被仰付、打留候鹿ハ其所ニ埋置候、近年猶以鹿多成候付、百姓共願上雪中ハ隠レ候所無之候間、狩出シ海中へ追入、打殺候ハヽ可然かと申立候ニ付、今度も江戸　公儀へ、御窺相済御代官田口徳右衛門ニ支配御目付、外ニ侍鉄炮四人被指添来ル廿五日より狩候様被仰付候、

この記事からわかるのは『国典類抄』の十六日の条の記録と同じ内容を廿日の日記で書いているとすれば、廿五日に実施するはずのものをそれより早い十六日に成果として六三頭駆除と

図１　男鹿入道崎の「鹿落としの岬」（海底透視船入口右の岬。先端は鹿が落ちるとひとたまりもないと思われる絶壁）

書くことは不可能だ。そのため考えられるのは廿五日に実施した鹿狩りを幕府から許可された日、即ち十六日の条に後日記録したと推定される。

同一内容と考える理由は「侍鉄炮四人」の部分が全く同じなことによる。この推定を前提として廿五日実施の鹿狩りで分かることは

① 駆除した鹿は食料にせずこれまで土に埋めていた、

② 雪のある期間は鹿が隠れる場所がないので駆除に最適なこと、

③ 山から追い出し海に追い落とすか打ち殺しても良いかと幕府へ許可を求める手続きも終了した、

と三点のことが分かる。「生類憐みの令」有効時、鹿肉を食料とするのが禁止されていること。そして、銃による駆除より崖に追いつめて海に追い落とすか撲殺を中心とする方向で幕府への許可を求めている事が分かる（参考、男鹿入道崎の「鹿落しの岬」の写真）。

（4）宝永六年（一七〇九）一月十日の条（『前掲同書』）

史料が長文なので主な部分を抽出して紹介すると次のようになる。

・近年田畑荒候付、昨年中嶋中より訴状書を以て御代官厚木瀬兵衛方迄願上候

・江戸表御窺相済、鹿狩と申義ハ不罷成候、人数を出シ追払候分は不苦、或ハ猟師之家職ニ取候分は御免ニ付

・依之、瀬兵衛并元男鹿代官仙乏筋御代官也田口徳右衛門を被差添ニ付

・鹿追払候人夫弐千百人

内千三百人嶋中村々より出候分、同八百人ハ男鹿ニ近キ嶋外之村々より出シ被下分依之新城之沢より中野村辺迄

・右弐千百人之扶持方米、一日一人一升ツヽ

・猟師拾人、岡崎郷右衛門御代官所之村々ニ居候、猟師壱人ニ付銀弐拾目一日壱升五合ツヽ

・勢子裁判之御足軽拾五人

以上から分かることは、

① これまで三度の駆除を行ったが被害は止まらないため男鹿嶋中の村々から訴訟が代官厚木瀬兵衛（宝永五年時知行五〇石）に出された。

② 幕府に許可を求めたら「鹿狩」は禁止。しかし、人を動員して田畑から追い払うのは認める。

③ その際、マタギが仕事として鹿を仕留めるのは認める。

表1　宝永6年（1709）1月10日の鹿狩り

実施日	1月10日
代官	厚木瀬兵衛（知行50石）
	元代官　田口徳右ェ門（知行56石）
足軽数	15人
勢子数	2100人　内1300人は地元から
猟師数	10人（岡崎郷右ェ門支配から出動）
経費	扶持米　1人1日1升で21石 ｝米で21石1斗5合
	猟師　1日米1升5合で1斗5升 ｝米で21石1斗5合
	銀　20目×10人分で200目
処理頭数	不明

④　鹿追い実施のため現代官厚木への補助として前男鹿代官で現仙北代官の田口徳右衛門を派遣する。

⑤　勢子人数二一〇〇人。内一三〇〇人は男鹿半島の各村から動員。残りの八〇〇人は半島近くの新城から中野村（現秋田市上新城から下新城地域）までの村から動員する。

⑥　経費は勢子に一日米一升宛支給（一日で合計二一石）

⑦　猟師十人には一人あたり銀二〇目と一日米一升五合宛支給（合計銀二〇〇目、米一斗五升）

の七点が分かるが駆除した頭数は不明、又、一日で終了したものかそれとも数日かかったかは不明だが、経費として一日あたり銀で二〇〇目、小判に直すと三両二分余りと米で二一石一五〇となるので藩としては大きな負担となる。

以上のことをわかりやすくするため表にすると上のようになる（表1）。

（5）正徳二年（一七一二）一月廿七日の条（『国典類抄』

先日、男鹿嶋鹿狩被仰付候三千余取申候よし

この文で注目されるのは「鹿狩」とある部分である。（4）までは「鹿追払」とあるから明らかに幕府の政策変更がここに見られる。詳しく調べると五代将軍綱吉は宝永六年（一七〇九）に没しているので「生類憐みの令」はこのころ撤廃されているから「鹿狩」と堂々と表現して良い時代になっていたわけだ。史料では勢子数や担当代官など詳しい記事はないが、駆除頭数はこれまで最大の三千頭であった。実施時期は従来同様冬期間の一月。

（6）享保五年（一七二〇）正月廿四日条（『長瀬直達日記』秋田市歴叢書4）

今度男鹿にて鹿追有之ニ付、皮御用ニ穢多遣候、鹿皮弐拾枚取候而所々ニ預ケ置候由申出候、御代官厚木瀬兵衛被申渡候所ニ、段々参次第さし上げ可申由申候、穢多ニ銭三貫文被下候由申渡候

勢子数、駆除頭数などは明らかにされていないが、鹿皮を藩が二〇枚手に入れるために革製品を専門的に扱う城下の穢多が派遣され彼らに手間賃として銭三貫文（およそ一両の半分程度）が支払われていたことがわかる。

（7）享保六年二月六日（『国典類抄』）

男鹿嶋ニ而鹿多く人家之障ニ成候ニ付、鹿刈先月御代官厚木瀬兵衛加勢ニ中村弥右衛門ニ
御足軽両人、人足五百人、五日分御昼食被下為追申候、廿九日朔日二日追候所弐千七百余、
其外海江人候分有之、鉄炮玉数四百打候由御足軽ニ為御褒美壱貫文ツゝ被下候

前回、三千頭を駆除したはずなのにそれから九年後の享保六年（一七二一）、「鹿多く人家之障ニ成」とあり、鹿の個体数削減は見られずまたしても男鹿代官の厚木瀬兵衛に加勢として大番組の中村弥右衛門（知行高四二石）と足軽二人を派遣している。今回の狩りはこれまでと違い二十九日から三日間に動員された百姓と推定される人足五〇〇人が勢子となり鉄炮の発砲数四〇〇発で海に逃げた数を除き二七〇〇頭余りを駆除している。勢子への補助は記述がないが前回同様一日一人米一升とすれば五〇〇人が実質五日間の動員であるから合計二五石の米と褒美として足軽二人に銭一貫文宛だから二貫文。そして火薬・実弾四〇〇発分が最低でも経費となる。米だけで計算すると駆除された鹿一頭あたり九合余りかかっている。これだけ経費をかけても男鹿半

表2　享保6年（1721）2月6日の鹿狩り

代　　官	厚木瀬兵衛 中村弥右ェ門（知行高 42 石 大番組）
足 軽 数	2人
勢 子 数	2500 人（500 人× 5 日で）
鉄 炮 数	（400 発使用）
経　　費	2500 人の昼食代と足軽 2 人に 銭 1 貫文宛の合計 2 貫文
処理頭数	2700 頭

島の鹿の個体数を減少させることはできなかったようだ。

（8）享保十五年（一七三〇）一月（『前掲同書』）

史料が長文なので要旨のみ列記すると次のようになる。

・村々から再度訴えあり
・代官吉川重左衛門（知行五〇石）とそのほか杉山与一右衛門（八〇石）、検地役の黒沢忠兵衛（三〇石）、前回の加勢者大番組中村弥右衛門、更に御側小姓川井円八郎（一五〇石）と小川宇平次（二〇〇石）、小筒役の中嶋兵助（五〇石）の以上七人に三匁五分銃と弾丸三〇〇発、火薬四〇〇枚と火縄が藩の兵具蔵から支給された。
なお、小筒役の中嶋兵助の銃は個人所有であった。
・南磯は勢子七〇〇人、北磯は一一〇〇人で七日間の実施で延べ一万五〇〇〇人と試算。
・足軽八人参加。内、四人は威力のある拾匁筒で残りの四人は鉄炮は所持していない。
・実質的な行動は一月十七日に開始し、南磯で三日、北磯で六日と合計九日。
・総勢子数は一万四四七人、これらへの補助米は一〇四石四斗七升であった。
・武士への経費は、七人が旅龍に宿泊。上は壱匁五分、昼食代は上が五分、下は二分五厘宛てとし、上と下の区別は御側小姓の川井円八郎だけが百五拾石なので同行した陪臣を含め上下六人は規定どおり支給。他の六人は陪臣数が何人でも上下五人分を支払う。

・足軽八人の旅籠代は一人一日銀で五分とし、昼食代は二分五厘とする。

・駆除した頭数はおよそ六〇〇〇頭余りだが、概数としてはもっと多く八〇〇〇頭余りであった。

・勢子はこれまでと違い男鹿半島の村々からの動員で間に合わせた。

・八人の足軽に特別補助として今回は雪が少なく木萱の中での行動で難儀したため「衣類等も損殊外辛労致候」として、一人宛銭五貫文を支給。

・二月二日の記事に駆除した中で拾頭は白鹿であったと後日記録されている。当時、白鹿は珍重され特別視されていたことを示している。

以上を分かりやすくするため表にすると上表のようになる（表3）。

表3　享保15年（1730）1月の鹿狩り

代　　官	吉川重左ェ門（知行高50石）
	以下　杉江与一右衛門（80石）
	黒沢忠兵衛（30石、検地役）
	中村弥右衛門（42石、大番組）
	川井円八郎（150石、御小姓）
	小川宇平次（200石、〃　）
	中嶋兵助（50石、小筒役）
足 軽 数	8人、内4人筒持
勢 子 数	1万500人（内訳　南磯　700人の3日）
	北磯1100人の6日）
鉄 炮 数	11丁
経　　費	米　104石4斗7升
	銀で　90匁9分　銭で40貫文
処理頭数	6000～8000頭（内10頭は白鹿）

（9）寛延二年（一七四九）二月三日（『前掲同書』）

御代官牛丸市左衛門於男鹿鹿狩、今日罷帰候
惣鹿数五千七百余留候由郷人連判書付差出候

前回の実施から約二十年後、男鹿代官の牛丸市左衛門（元文四年時六三石）の時、鹿狩が行われ二月三日に終了している。駆除数は前回同様五〇〇〇頭を超える大きな成果であったと村々から報告書が提出されている。給人を含めた人数、鉄砲数、経費等は記録されていないのでそれほど大規模ではなかったと推定される。

（10）宝暦元年（一七五一）一月十八日（『前掲同書』）

長文なので要点を列記すると次のようになる。

・鹿多く田畑が荒れるため郷人共代官に願書提出。
・大筒打篠田八右衛門は百目銃、安達祐右衛門も百目銃、大山平七は五拾目銃使用し代官牛丸市左衛門の外に小栗新兵衛も参加。
・一月十五日から十二日間鹿追を実施。駆除数九二二〇頭。

前回の実施からわずか二年後五〇〇〇頭の駆除にもかかわらず田畑への被害が甚大なため住民からの訴えで実施されたことが分かる。今回使用した銃は九年後幕府国目代への報告で藩所

有の鉄炮の中で最大が一二四匁で一挺、百目玉筒三挺とあり次の五〇目が一一挺となっていることから（『国典類抄』「賓の部」）藩としては最大級に属する百目銃が二挺も投入されたことが注目される。勢子数は不明だが、九二二〇頭とこれまでで最高の頭数となっている。なお、男鹿代官の牛丸氏以外の給人たちの知行高は現在までのところ未確認。

（11）宝暦四年（一七五四）二月二十九日（『前掲同書』）

男鹿之鹿追候者帰候、尋承候得は都合鹿数五千百六拾余留候由ニ候

記事の内容がこれまでと異なり鹿狩りの様子が具体的でないため詳しいことは分からないが駆除した頭数は三年前の宝暦元年に九二〇〇頭あまりの成果があったにもかかわらず今回五一六〇頭余りだから半島での鹿の生息数の厖大さと繁殖力の強さを知ることができる。

（12）安永元年（一七七二）二月五日（『前掲同書』）

記述が多いので要点を列記すると次のようになる。

・男鹿代官に野内蔵人と高久彦右衛門（元文四年知行五〇石）を派遣して鹿狩りを実施。

・経費は米一五〇石で人足を多数動員。

・南磯で九八五〇頭、北磯で一万七二五〇頭で合計二万七一〇〇頭余りを駆除。

これらの中に白鹿が一頭いたので珍しいから生捕りを試みたが他と違い動きが早いうえ黒鹿と一緒に群れから離れて行動するため生捕りに失敗し鉄炮で仕留め、その皮ばかりを持参した。

・野内と高久の功績比類無き手柄として「相賞候」となった。

これまでの鹿狩りの中で駆除した頭数は二万七一〇〇と最大であった。（9）の寛延二年からわずか二三年の間で四万七一六〇頭となるのでその成果もさることながら半島での鹿の個体数の多さに驚くばかりである。

（13）天明三年（一七八三）九月五日（「町触」380）

南北両磯の村々宛てに出されたもので、注目すべき部分を列記すると次のようになる。

・男鹿の村々で以前から鹿が多く田畑の障りになり迷然しているので追い払い防いできた

・しかし、近年村も苦しくなり追い払うことができない所も出てきたので鉄炮の使用を訴えた。

・南北の両磯は特別の事情もあるので今年から三年間狩人（マタギと推定）を頼み鉄炮による駆除を許可することにした。

前回の安永元年から十一年後の記事であるが従来と異なり藩が代官中心に実施してきた鹿狩

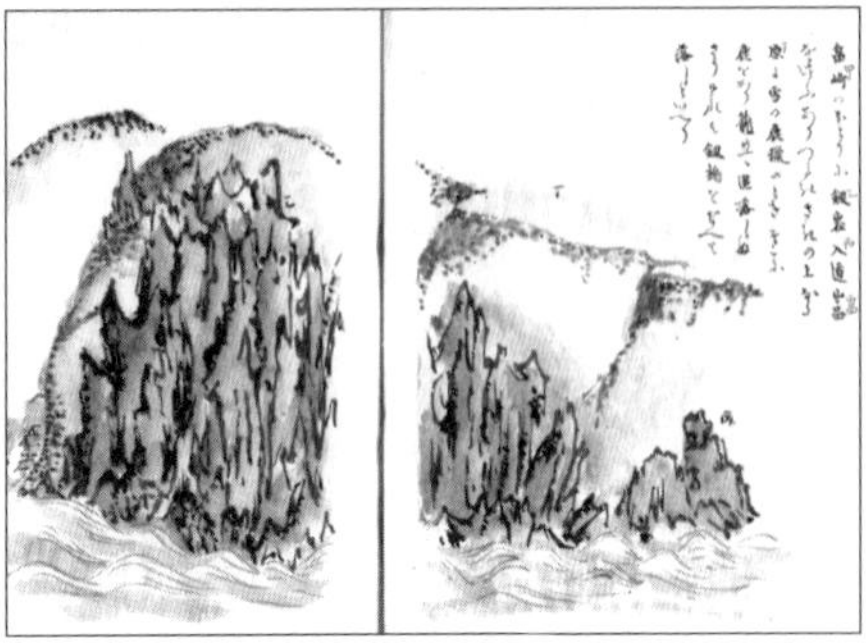

図２　『小鹿の鈴風』の「鹿落とし」（秋田県立博物館蔵写本）

りから両磯の村々が独自に狩人を雇い三年間に限り駆除を許可する方法を示した内容と言える。天明の大飢饉の時期に藩が直接手を下した鹿狩りではなく、村々に駆除の実行を譲った目的はどこにあるのだろうか。藩が財政難から直営で実施することから撤退したものなのか、それとも食糧難の中で鹿の駆除と飢饉対策として鹿肉を目的とする一石二鳥策なのか明らかではない。

これまで確認できたところではこの年を最後として「鹿狩り」の記録は見あたらない。後年、男鹿を旅した菅江真澄は作品の中で男鹿の入道崎付近に「鹿落とし」の岬があると紹介している。同記録によるとこの岬は「子持黒、入道岩、鹿落としなどという、剣を立てたような高岩が岸に重なり立っている。鹿狩りの時はこの崎の野に狩り集めてこれらの岩の上から追い落とすのだという。」との解説標柱が立っている。この標柱のみが今男鹿で村々と鹿との攻防を物語る唯一の証拠となっている。

下屋敷《しもやしき》 〔武家分野（支配体制）〕

下屋敷　久保田城下の武士町である内町を主な地点として、それ以外の城下近郊にも所在していた重臣の家臣達に藩から与えられたり、自己の財力で購入した正規の本宅以外の屋敷地のことを言う。

（一）下屋敷のある地区

下屋敷がある地域ごとに屋敷主と屋敷数について数点の城下絵図を参考に示すと次のようになる。なお、文中の（　）の中の数値は正徳四年御国中分限帳と文政四年十月の佐竹次郎家人分限帳からの知行高を示している。

〔楢山地区〕　城下絵図の中で最も初期に属する「寛文年中御城下絵図」によると、吉川瀬兵衛、真崎兵庫（一三〇〇石）、小野右衛門、梅津与左衛門（二五〇〇石）、佐竹山城（四〇〇〇石）四区画、石塚市正（一七〇〇石）の以上六人九か所の下屋敷がこの地区にあった。

〔川口地区〕　寛文期、この地区には八人で一一か所の下屋敷があった。戸村大学（一六五〇

石)、向豊前（四一〇〇石)、渋江内膳（三六〇〇石)、小場勘解由（二四〇〇石)、佐藤源右衛門（二〇〇〇石)、戸村十太夫（六〇〇〇石）四区画、梅津内蔵（一〇〇〇石)、駒木根数馬（五〇五石）であった。

〔保戸野地区〕 旭川を越えた保戸野地区は武士町で、ここには小場勘解由と戸村大学の下屋敷が二か所あった。

〔城　内〕 中土橋を越えた城内に渋江内膳家の下屋敷が一か所ある。

〔川尻地区〕 旭川を越えた外町の南端の川尻地区の一部は給人の住む武士町であった。ここに信太内蔵助（四六〇石）と川井伝吉（四八八石）の二人の下屋敷が周辺の足軽屋敷に囲まれるようにあった。

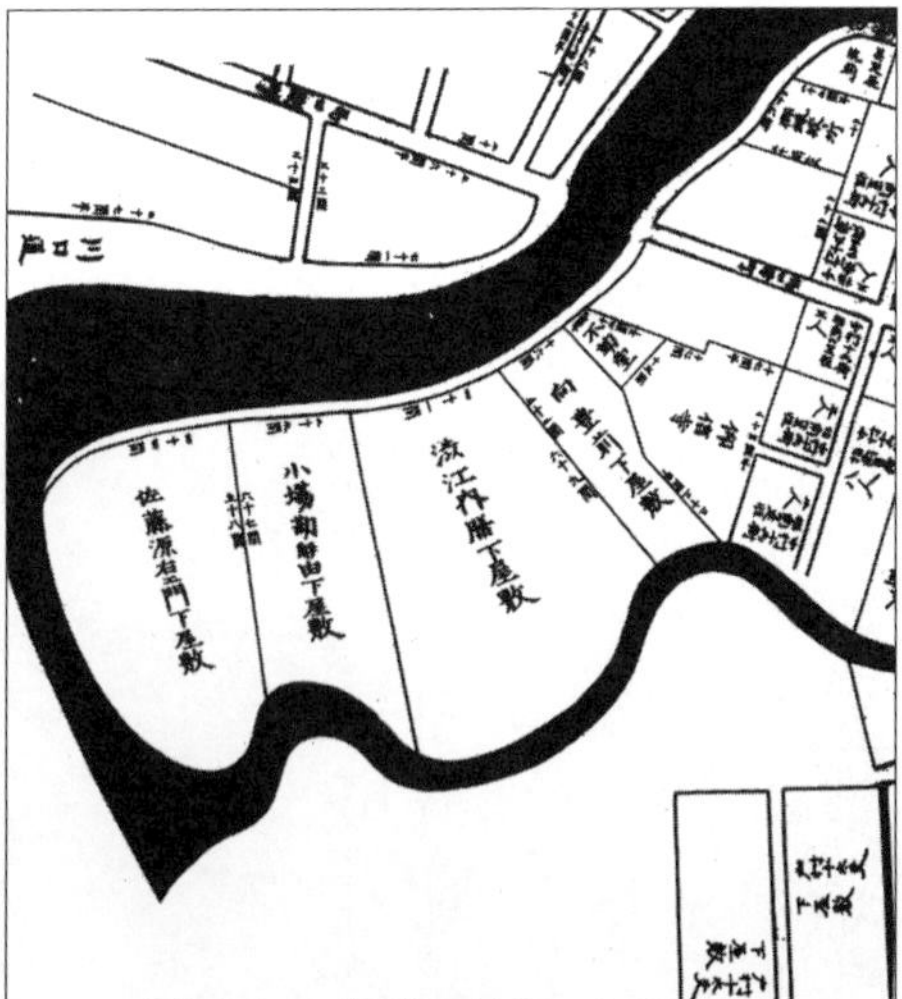

図１　「寛文年中御城下絵図」より

〔城下郊外〕 ここまでの下屋敷は藩から与えられたものであるのに対して、給人が自己の財力を使い城下近郊に私的な空間を所持していた。このことがわかる史料は『渋江和光日記』（全一二巻）と『黒沢家日記』（秋田市立佐竹史料館）である。出典との関係で確認できる時期は文化十一年（一八一四）から以後となる。

1．渋江和光の濁川下屋敷。文化十一年二月までに購入（『渋江和光日記』）

2．小野岡大和の明田下屋敷。文化十一年六月十五日（『同右』）

3．須田内記の横森下屋敷。文化十三年五月十三日（『同右』）。手形田中（「文政十二年城下絵図」）

4．梅津外記　五丁目　文政五年六月二日（『同右』）

5．岡本刑部の添川三本松。文政七年九月三日（『同右』）

6．信太内蔵助　濁川

7．田代周助　濁川

共に文化十一年二月十一日（『同右』）

8．大塚九郎兵衛　松慶院隣　文政九年三月二十三日（『黒沢家日記』）

図２　岡本刑部の下屋敷はこの橋の手前付近。奥は下北手の広域農道。

9．大嶋左仲　搦田　寛保元年六月十日

この下屋敷を藩主義峰に献上し、休所となり、それが後の如斯亭《じょし》と呼ばれるようになる。元文四年時、大嶋左仲の知行高は三九九石（『秋田市史』年表編）。

江戸後期の城下絵図から下屋敷の多い川口と川尻の両地区の状況を見ると次のようである。

川口地区　一〇か所の下屋敷がある（『渋江和光日記』第二巻付録の秋田城下絵図）。

小場勘解由、渋江堅治（二区画）、向右近、伊達彦九郎、真崎掃部助、真崎文平、信太内蔵助、梅津外記（二区画）。また文政十二年頃と推定される「羽州久保田大絵図」によると、小場勘解由、渋江堅治、小鷹狩右近（向家のこと）、真崎兵庫、信太内蔵助、梅津図書の六か所に減少している。

川尻地区　佐藤雅楽（八八〇・五五五）、梅津外記（三三六一・三四〇）、小貫佐渡（四一五・九九五）、小田野沖（波か）負（五五五九・一八八）、金易右衛門（二七八・三〇六）、田代周助（一八五・二〇九）の六人六か所に変化している。

以上から、下屋敷主は藩政期を通して同じ場所で変わることなく同一の家に与えられていた訳でないことがわかる。

(二) 下屋敷の面積

寛文期の絵図には各屋敷の間口と奥行きが記されているから屋敷面積を知ることができる。

佐藤源右衛門	四四間×五八間で	二五五二坪
小場勘解由	二五間×六七間で	一六七五坪
渋江内膳	四一間×六九間で	二八二九坪
向　豊前	一六間×五二間で	八三二坪

佐藤（二〇〇〇石）も向（四一〇〇石）も当時、川口地区に一区画の下屋敷を持つのみであったから佐藤の二倍の知行高の向が面積で佐藤の三分の一であったことから下屋敷の広さと知行高とは単純に比例していないことがわかる。どのような基準で与える広さを決定したのか目下のところわからない。

（三）下屋敷設定の時期

初期の秋田藩を知る上での最高の史料のひとつが『梅津政景日記』であるが、これによると下屋敷に関わる記述の初見は寛永六年（一六二九）五月四日の条である。同日、小野崎源三郎への下屋敷を与えるため楢山地区を検分した記事である。寛永四年時小野崎氏の知行高は三〇〇石である。寛文期の城下絵図には、この時同氏に与えられた下屋敷は載っていない。五月九日には「御東」（佐竹東家のこと）と「御北」（佐竹北家のこと）への下屋敷を与えるため、屋形様（佐竹義宣のこと）自ら楢山の地形を検分したとある。久保田城下の町割が完成するのは寛永期であったから、この完成期の時期に合わせて一族や有力家臣への下屋敷の配分が実施されたものと考えられる。

表1　城下有力家臣の知行高100石中当りの家中人数

	給人名	元治元年知行高	知行取・扶持米取家中人数	知行高100石当りの家中人数
久保田城下有力家臣	佐竹東家（山城）	6,750石	88人	1.3人
	梅津外記	3,320石	41人	1.23人
	梅津藤十郎	1,700石	15人	0.88人
	小鷹狩源太	2,700石	28人	1.04人
	渋江内膳	3,160石	47人	1.48人
			（平均　1.2人）	

（四）下屋敷設定の理由

『梅津政景日記』など藩政に関する諸記録の中に下屋敷をどのような目的で与えたかの理由は示されていない。久保田城下に居住する有力家臣達は自らの知行高に見合う形で多数の陪臣（家中とも言う）を抱えていた。藩政期、これら有力家臣の陪臣数を記録している史料は目下のところ確認できないので時期はかなり後になるが明治三年（一八七〇）の「陪臣家筋取調書（県D8―1～5）の中から各給人の陪臣の内、知行取と扶持米取り（歩行を含め）人数を示すと上の表のようになる（表1）。

領内七地点に駐屯している所預の陪臣数が知行高一〇〇石当り二・九五人であるのに対して久保田城下の有力家臣の

場合は表1にあるように一・二人と少ない。所預の陪臣（家中）達は、彼らの主人が居住する城（横手と大館の場合）や館の周辺に屋敷が与えられていたことが湯沢、角館、桧山、十二所などの絵図でわかる。これらの家中は家老や膳番など主人の家政機関の役人として業務を担当していた。ところが久保田城下に居住する有力家臣の陪臣達は久保田城下絵図の中に屋敷地を与えられ、彼ら陪臣の名前が屋敷地の中に書かれていることはない。即ち城下に陪臣用の屋敷を個別に与えられていなかったのである。彼らは主人の屋敷の一部に作られていた長屋に居を構えていた。表1にある一族の東家で八八人の陪臣が存在していた訳だから主人の屋敷だけで大人数を生活させることは困難であったと考えられる。宿老格の梅津外記にあっても四一人であったから東家と同様の状況と言える。以上のことから城下の有力家臣の陪臣達の居住する場として下屋敷を藩が与えた可能性が高い。

（五）下屋敷の利用

下屋敷が基本的には陪臣達の長屋として利用されていたと考えているが『渋江和光日記』によると渋江氏の場合、城内の渋江屋敷（二六八〇坪）の裏手（現和洋高等学校敷地）に下屋敷があり、そこには五一七坪の陪臣用の長屋のあったことが文政三年（一八二〇）八月十一日の記事でわかる。そのため川口の下屋敷二八二九坪は多様な方面に利用されていた。

(1)七〇間弓の練習場として利用

和光が私財を投じて購入した濁川の下屋敷では四月初旬にはじまり七月中旬で終了する鉄砲稽古の場として利用されていたが、この川口下屋敷は八月上旬に稽古が開始され十月中旬まで三五回（文政六年の場合）で延二四二人の給人による七〇間弓の練習場として利用されていた。

(2)桑・紅花の栽培場所として利用

寛政期から秋田藩で推進された国産奨励策の一環である養蚕業育成策を自らも実行し、協力するかの様に文政十一年（一八二八）の春から桑の苗木五一五五本が植えられ、翌年には米沢藩からの桑取立の技術者として派遣してもらった（当時の用語で借人とある）植木四郎兵衛の指導のもと二〇〇〇本の苗を植え付けている。立派に育った桑は藩により上質は一本八文で買い上げられている。下屋敷は渋江の現金収入の場になっていた。

(3)大豆・大根畑として利用

文政十一年九月下屋敷の畑で育った大根が四〇貫文で売り払われている。天保二年（一八三一）八月二十二日、秋大根二〇〇〇本が盗難の被害にあっているから大量の大根が植えられていたようだ。親しい仲間への贈答用に、又、渋江家の自家用にそして一部は売却され現金収入に役立っていたようだ。なお、下屋敷には周辺の者を屋敷守として雇っていた。川口の下屋敷は又助なる人物であった。

借知《しゃくち》・差《さし》(指)上高《あげだか》・半知《はんち》・四六《しろく》〔武家分野（知行制度と財政）〕

藩が財政難への対策のひとつとして行ったもので家臣への俸禄支給を減ずる制度。制度上は知行を藩が一年間に限り借りる（**借知**《しゃくち》）もので、いずれ借りた分は返済する方針であったが、秋田藩を含め多くの藩では返済されることはなかった。家臣から見れば俸禄を差し上げるので**差上高**《さしあげだか》・**指上高**《さしあげだか》と表現している。秋田藩の借知は延宝三年（一六七五）知行高の九分の一が最初である。その後、借知の割合は段階的に増加し、借知の割合が知行高の半分に相当する場合を**半知**《はんち》と呼び、表1にあるとおり享保四年（一七一九）はじめて登場する。財政状況が更に厳しくなると借知割合があがり**四六**《しろく》と言い、知行高の六〇％が藩の蔵分扱いとなり藩の財源として使われた。

四六の初出は寛延元年（一七四八）である。表1は久保田給人で知行高七〇石以上の者を対象として作っている。

出典は基本的には『新秋田叢書』(六)を中心とし、その他に『秋田藩町触集』、『国典類抄』、『黒沢家日記』、『平沢通宥日記』などの記事を参考とした。そのため、これまで紹介されてきた借

表1　借知の推移（久保田給人７０石以上）

年	借知割合	年	借知割合	年	借知割合	年	借知割合	年	借知割合
延宝3	1/9	正徳5	1/20	宝暦5	半知	寛政7	半知	天保4	半知
4	1/9	享保元	1/20	6	半知	8	半知	5	四六
5	1/9	2	1/6	7	半知	9	（半知）	6	四六
6	1/9	3	1/4	8	四六	10	（半知）	7	四六
7	1/9	4	半知	9	半知	11	半知	8	四六
8	1/5	5	半知	10	半知	12	四六	9	四六
天和元	1/5	6	半知	11	半知	享和元	半知	10	四六
2	1/5	7	1/3	12	半知	2	四六	11	四六
3	1/5	8	1/3	13	半知	3	半知	12	四六
貞享元	1/5	9	1/3	明和元	四六	文化元	四六	13	四六
2	1/5	10	1/4	2	半知	2	半知	14	四六
3	1/5	11	1/4	3	四六	3	四六	弘化元	四六
4	0	12	1/4	4	半知	4	四六	2	四六
元禄元	1/4	13	1/4	5	四六	5	半知	3	四六
2	1/4	14	半知	6	半知	6	半知	4	四六
3	1/4	15	半知	7	半知	7	四六	嘉永元	四六
4	1/4	16	半知	8	半知	8	半知	2	四六
5	1/4	17	半知	安永元	半知	9	半知	3	四六
6	1/4	18	半知	2	半知	10	半知	4	四六
7	1/4	19	半知	3	半知	11	半知	5	半知
8	1/4	20	1/3	4	四六	12	半知	6	四六
9	1/4	元文元	1/3	5	四六	13	半知	安政元	四六
10	1/4	2	1/3	6	半知	14	四六	2	半知
11	1/4	3	半知	7	半知	文政元	四六	3	四六
12	1/4	4	1/3	8	半知	2	四六	4	四六
13	1/4	5	半知	9	半知	3	四六	5	四六
14	1/4	寛保元	1/3	天明元	半知	4	半知	6	半知
15	1/4	2	1/3	2	半知	5	半知	万延元	四六
16	1/4	3	1/3	3	半知	6	四六	文久元	四六
宝永元	1/4	延享元	半知	4	四六	7	四六	2	四六
2	1/4	2	半知	5	四六	8	半知	3	四六
3	0	3	半知	6	四六	9	四六	元治元	四六
4	0	4	半知	7	四六	10	半知	慶応元	四六
5	0	寛延元	四六	8	四六	11	四六	2	四六
6	0	2	四六	寛政元	半知	12	四六	3	四六
7	0	3	四六	2	半知	13	四六	明治元	不確定
正徳元	0	宝暦元	四六	3	半知	14	四六		
2	0	2	半知	4	半知	天保元	四六		
3	0	3	半知	5	半知	2	四六		
4	1/20	4	半知	6	半知	3	四六		

（　）は推定値
不確定はデータ不在につき
参考文献　『新秋田叢書』（6）
『秋田藩町触集』、『国典類抄』、
『黒沢家日記』、『平沢通有日記』

知割合と文化十三、文政五、六年に違いがある。また、四六は寛延元年から宝暦元年までの数値に違いがある。

なお、借知割合は知行高（享保四年以降は有高）による違いのほかに在々給人（十二所、大館、桧山、角館、横手、湯沢、院内、刈和野、角間川）の場合は久保田給人と割合が異なるのでこの表を利用の場合には注意が必要。

・横手向源左衛門組下給人の鈴木惣左衛門家の史料から文政八年〜天保十五年まで。
・十二所茂木筑後組下給人の曲木家の史料から延宝八年〜明和六年までの在々給人の借知割合と知行村ごとの指上高を知ることができる。

社参《しゃさん》と湯治《とうじ》の旅《たび》

〔旅〕

武士の中には暇をもて余している者達が数多くいたようだ。勤務日以外の日は、刀、槍などの武術の稽古や学問、趣味の分野では俳諧、狂歌、絵画、音曲などあらゆる分野への興味・関心のもと、その道を極めた者も多くいた。その中で注目すべき内容が武士の日記の中に散見する。

口上

表１　六郷熊野神社に社参の武士

1821 年（文政４）	9月 15 日～ 9月 25 日	黒沢宇一郎
1823 年（〃　6）	3月　6日～ 3月 20 日	黒沢伊兵衛
1824 年（〃　7）	10 月　9日～10 月 15 日	〃
1826 年（〃　9）	4月　9日～ 4月 18 日	〃
1827 年（〃　10）	9月 16 日～ 9月 27 日	〃
1831 年（天保２）	3月 23 日～ 4月　9日	赤坂忠兵衛
1832 年（〃　3）	10 月 29 日～11 月 11 日	黒沢伊兵衛
1833 年（〃　4）	3月 29 日～ 4月 14 日	梅津織之助
〃　（〃　）	10 月 29 日～11 月 14 日	黒沢伊兵衛
1836 年（〃　7）	10 月　2日～10 月 16 日	〃

（『黒沢日記』（一）～（十五）による）

拙者儀宿願之儀有之、仙北郡六郷熊野堂江社参参仕度候
間、当月廿九日より来月廿日迄出入
日数二十一日御暇拝領仕度奉願候
右之趣宜敷被仰上度奉存候　以上
天保三年十月廿六日　　黒沢伊兵衛

これは天保九年（一八三八）時、三九五石余の御判紙高の上級武士で大御番頭であった黒沢伊兵衛の日記の文である。内容は「自分はかねてからの願いがあるので仙北六郷の熊野神社にお参りに行く事にしたので十月二十九日から十一月二十日までの二一日間のお暇をお願いしたい」と藩に届け出たことがわかる。更に同じ内容の文を仕事上の同僚の大御番頭に書状で伝えている。現在、同神社は「全県掛け歌大会」で有名で六郷の米町にある。同神社の幕末の宮司熊谷直清は平田篤胤の門人で地元の人々に平田国学を教えていた人で、眼病で視力を失っていたので「北羽の塙保己一」と称讃される人物であった。

この熊野神社は藩内十二社に入る格のある神社で藩から三〇石の社領が与えられていた（天保

十二年、久保田藩分限帳、大館市立図書館蔵）。文化期以降の武士の日記から同神社に「宿願之儀」を理由に社参した者を調べると表のようになる。「宿願」のための社参は藩から次の一二社が認められていた（『県史』資料編近世上二四二、当用式）。保呂羽山（波宇志別神社）、横手御嶽山（塩湯彦神社）、五十目高岳山（副川神社）、金沢八幡、六郷熊野、寺内古四王、北野天神（旧天王町上出戸）、杉ノ宮八幡（三輪神社）、院内愛宕、男鹿真山、本山、藤倉観音、船越天王。

※（　）は筆者が加えたもの。

武士による「宿願」の社参は信仰の旅としながら、実は目的は他にあったようだ。六郷の場合、この地は信仰の地のほかに藩最大の経済力を持つ豪商人栗林八郎兵衛家の居住地でもあった。武士たちは当初の目的地の熊野神社を訪れて藩と我家の繁栄を祈った後は豪商栗林八郎兵衛をはじめとする六郷の商人との関係を親密にすることで、それぞれの家の苦しい台所事情への協力、援助を依頼していたようだ。熊野神社以外に社参が確認できる武士達は次のとおりである。

梅津図書（九三八六石）高岳山に、真壁掃部介（八七六六石）高岳山に、荒川宗十郎（三九四石）金沢八幡に、須田美濃（二〇九七石）牛頭天王に、信太内蔵助（五八八石）金沢八幡に、福原彦太夫（四四九石）金沢八幡に、赤坂忠兵衛（七一四石）保呂羽山に

上級武士が多い。御相手番宿老席で刈和野組下持ちの渋江和光（二九〇八石）は文政十一年

（一八二八）八月二十六日から二十九日にかけて自分の知行村の仙北郡下淀川村にある源義家伝説を伝えている八幡社に家中三五人を引き連れて「宿願之儀」のため肝煎助左衛門宅に宿泊している（『渋江和光日記』）。和光は二人目の妻を病気で失い、周囲からの後添いの斡旋を断わり男手ひとりで三人の子供を育てる決意をした頃、この八幡社を訪れている。「宿願」にも色々種類のあることがわかる。「宿願之儀」の社参の旅が申請の日数より早く終ると武士たちは「御暇返上致申候」の文を藩庁に出している。これは今風に言えば年次休暇をもらい休んだが予定より早く用が終ったから年次の日数を正しい日数に修正したいとの動きとわかる。先に示した領内の各神社に年間どれほどの武士たちが「宿願之儀」のため訪れたのか神社側の記録を今の所確認していない。宿泊した旅先の村でどの程度の接待費がかかったのかも記録がなく不明である。

次に「宿願」の旅ではなく藩から許可を得て湯治のため温泉に出かけた記録もしばしば見られる。藩は領内で武士が湯治をしても良いと認めた温泉一六か所を定めていた（『県史』資料編上「当用式」）。

○雄勝郡　湯ノ沢、湯ノ台、役内小字ニテ湯ノ台ノ下ニ認ムベシ、泥ノ湯、川原毛高松、小安
○仙北郡　生保内、玉川、黒湯台
○秋田郡　大滝、湯本、浅見内（五城目町）、小安沢、道川

○山本郡　湯ノ沢（藤里町）、大から、高寺沢

注1.（　）は現在の町名をつける。

注2. 湯ノ台と役内との関係は、『雄勝町史』等を参考にすると、役内村之内の小字として湯ノ台があるので役内村之内湯ノ台と理解した方が良いと思われる。

写真１　湯治が認められていた泥湯温泉の昭和初期の様子

口　上

拙者儀兼而足痛煩ニ而罷在候所此節不出来ニ付医者小田野三立薬服用致候所入湯致可然同医申条ニ御坐候。依之仙北郡田沢村江入湯仕度奉存候当十八日より同廿七日迄出入日数数十日御暇拝領仕度奉願候

十一月十六日　黒沢伊兵衛

秋田蘭画の代表的作家小田野直武の二男、医師三立の勧めで田沢村の温泉で足の治療のため十日間の休暇願いを出した文政七年（一八二四）の史料である。

渋江和光の一族荒川宗十郎は足の治療に小安温

泉に二五日間湯治に出かけ、帰りに和光への土産として八面（旧稲川町）の酒と三陸産のマツモと「かぜ」と表現されているウニの焼いたものを買い付けている（文政四年）。「社参」そして「湯治」以外にも「狩」と「漁」のため、知行地での新田開発の指揮・監督のため、秋になると年貢・小役銀徴収督促のためなど私的な理由で武士町を離れて本来は農民が活動する農村地帯に入り込む武士たちが相当数いたことがわかる。

舟運《しゅううん》に関《かん》する用語《ようご》

〔産業・運輸（舟運）〕

沖船頭《おきせんどう》　西廻航路を航行する船の乗組員の代表者のことを言う。

廻船問屋《かいせんどんや》　県内の市町村史から各港（湊）の廻船問屋を列記すると次のようになる。

能代湊—七軒　天保二年（一八三一）

越後屋（谷内）孫左衛門、清水九兵衛、小玉五兵衛、越後屋太郎右衛門、伊勢屋新三郎、野田清十郎、小玉九右衛門（市右衛門）（「能代問屋の略沿革」より）

土崎湊—一二軒　文政十一年（一八二八）

間杉儀助、杉山七蔵、川口長左衛門、越後屋惣右衛門、船木重松、田牧五郎右衛門、本間多左衛門、根布屋藤助、神馬喜太郎、小幡屋正蔵、相沢文六、加藤誉兵衛（『土崎湊町史』より）

古雪（本荘）湊―一〇軒　寛保元年（一七四一）

細矢源七郎、池田七兵衛、佐々木八右衛門、今野三郎右衛門、浅香作兵衛、佐々木嘉兵衛、鈴木七郎右衛門、五十嵐助左衛門、能登屋治左衛門、小嶋屋勘兵衛（『本荘市史』通史編Ⅱより）

三森・平沢湊―九軒　年代不詳

斉藤市兵衛、泉屋市郎兵衛、増村与左衛門、奈良屋、北屋、大丸屋久太郎、遠田四郎右衛門、菊地嘉兵衛、鶴屋亀蔵（『仁賀保町史・普及版』より）

金浦湊―四軒　元文元年（一七三六）

中津七左衛門、篠田留兵衛、竹内三郎兵衛、斉藤（若狭屋）柴右衛門（『金浦町史・上』より）

塩越湊―七軒　寛政六年（一七九四）

中田（出羽屋）八郎右衛門、佐々木直次郎、竹屋和右衛門、知工屋与助、松前屋七右衛門、叶屋与右衛門、金仁助（『象潟町史』通史編上より）

これらの廻船問屋は港町に居住し、船主のため積荷を集めたり、船主の依頼で荷物を運送したりする取扱業者のことを言う。一般にこれらの営業権が問屋仲間の申し合せで作られ、それらの権利が問屋株として売買の対象にもなった。立地する地域の領主から種々の特権が与えられることが多い。

水主《かこ》　沖船頭の指揮のもと船内での実務に従事する人のことを言う。

上川《かみかわ》**・下川**《しもかわ》　上川は角間川港より上流域のこと。
下川は角間川港より下流域のこと。
（雄物川についての区分）

上船頭《かみせんどう》**・下船頭**《しもせんどう》　大保港（現大仙市藤木字大保。角間川と並ぶ雄物川水系の主力港で、船調役所があった）で船を持つ船頭を上船頭、雇われた船頭を下船頭と呼んでいた（『雄物川往来誌』下より』）。

川港　米代川・雄物川・子吉川に作られた川船用の港のこと。米代川水系では―花輪、毛馬内、松山、土深井、葛原、沢尻、十二所、扇田、二井田、碇、横岩、早口、糠沢、鷹巣、蟹沢、荷上場、二ツ井、切石、富根、鶴形。
前田、米内沢、本城（以上三所は阿仁水系）。

雄物川水系は―倉内、柳田、落合、大久保、鵜ノ巣、深井、大沢、薄井、大森、阿気、田村、角間川、大保、川の目、大曲、神宮寺、刈和野、新波、新屋、川尻。岩瀬、長野（玉川水系）、川口（楢岡川水系）。

子吉川水系は―小板戸、吉沢、川西、森子、前郷、石脇、古雪。館（石沢川水系）、徳沢、三川、岩谷、内越（芋川水系）。

※米代川、雄物川水系は山田実氏製作おもしろマップによる。子吉川水系は『本荘市史』通史編Ⅱによる。

北前船《きたまえぶね》

西廻航路で利用される廻船のこと。

松前や日本海側の諸藩の港に寄港し、下関経由で瀬戸内海に入り大坂との物資運送に従事した船のことを言う。動力は帆を使った風力。

蔵《くら》**敷**《しき》

廻船問屋の蔵に品物を一時的に保管した場合、徴収される利用料（保管料）のことを言う。土崎湊の場合、米一俵（三斗入）につき一日米三合、即ち一％の蔵敷であった。

小宿

廻船の乗組員である水主達が宿泊した宿泊所のこと。宿泊以外に問屋の下で商品の売買や集積に協力して、仲介料を得ていた。土崎湊の文政十一年（一八二八）の場合問屋十二軒で小宿は二〇軒であった。

ジアイ舟

阿仁舟とも言い、幅八〇cmで杉で作られた舟のこと。

通し舟　雄物川全域を通して物資を運搬する川船のこと。安政五年（一八五八）七月、新屋の船頭から雄物川全域を航行する通船の申請が藩に出され、これに大保と深井が反対し、藩は両者の顔を立てて新屋船九艘のみの通船を認める事件があった（『雄物川往来誌』下より）。

長舟　米代川水系で使用される船で扇田から下流域で利用。長さ一七m、幅一八〇cm余、五〇石の積載量である。江戸中期、八〇余艘と伝えられている。

なだらまき　神宮寺の難所で川が渦を巻くところがあり雄物川水系最大の危険地点。

西廻航路《にしまわりこうろ》　日本海沿岸（後には松前に至る）と「天下の台所」の大坂を結ぶ航路のこと。寛文十二年（一六七二）、幕府の命令により江戸の商人河村瑞賢の努力で開かれる。

浜《はま》蔵《ぐら》　浜の家とも言う。川港に作られた商品保管用の蔵のこと。薄井港の下開の伊藤家の浜蔵は七〇坪の大きさであった（『雄物川往来誌』上）。

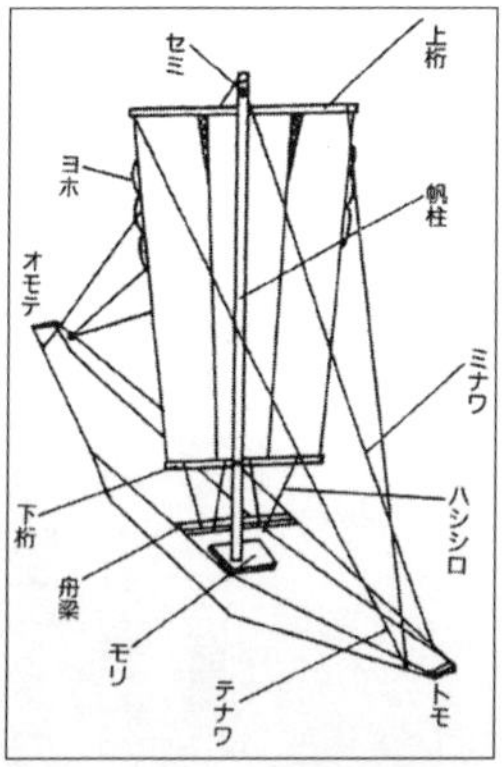

図1　ジアイ舟各部名称

舟引（曳）道

または船ツ衆道。角間川から上流は帆を利用して進むことができず舟子《ふなこ》が両岸をロープで引っぱって進むのが常であった。この舟子たちが利用する両岸に作られた道のことを舟引（曳）道と言う。大曲の藤木村で一升五合の代知が給人の小貫太仲に与えられたことを示す文化九年（一八一二）の史料がある。これによると「藤木村知行之内船引道下成候代知」の文がある。これは藤木村地内を流れる雄物川の川岸に船を引っぱるための道（＝船引道）が作られたため米が作られなくなった代償として同じ村に新しい知行地一升五合が蔵分から小貫氏に渡されたことを示している。

十二大将と下騎馬《じゅうにたいしょうとしたきば》

〔武家分野（支配体制）〕

『秋田武鑑　全』の中の次のような部分（図1）に注目したい。東家の当主佐竹中務は「十二大将」のひとりと理解できる。それではこの「十二大将」とは何を意味する言葉なのだろうか。ヒントは『国典類抄』第十四巻嘉部二の七四九頁の延宝五年二月七日付けの「遠路軍役騎馬目録」にある。これは佐竹軍が幕府の命令で出兵する際、騎馬を含む一二部隊編成であったことを示したものである。なお、『国典類抄』の史料の中に一部欠落している記載があるが、その部分を補充する形で本来の佐竹騎馬軍の全容を見られる史料に石川善兵衛伝来文書(横手戸村組下)の「御軍割手組覚書」(寛政二年写)がある。

以上、二点の史料を基本史料として「十二大将」とそれぞれの隊の騎馬兵の編成を表にすると次のようになる(表1)。

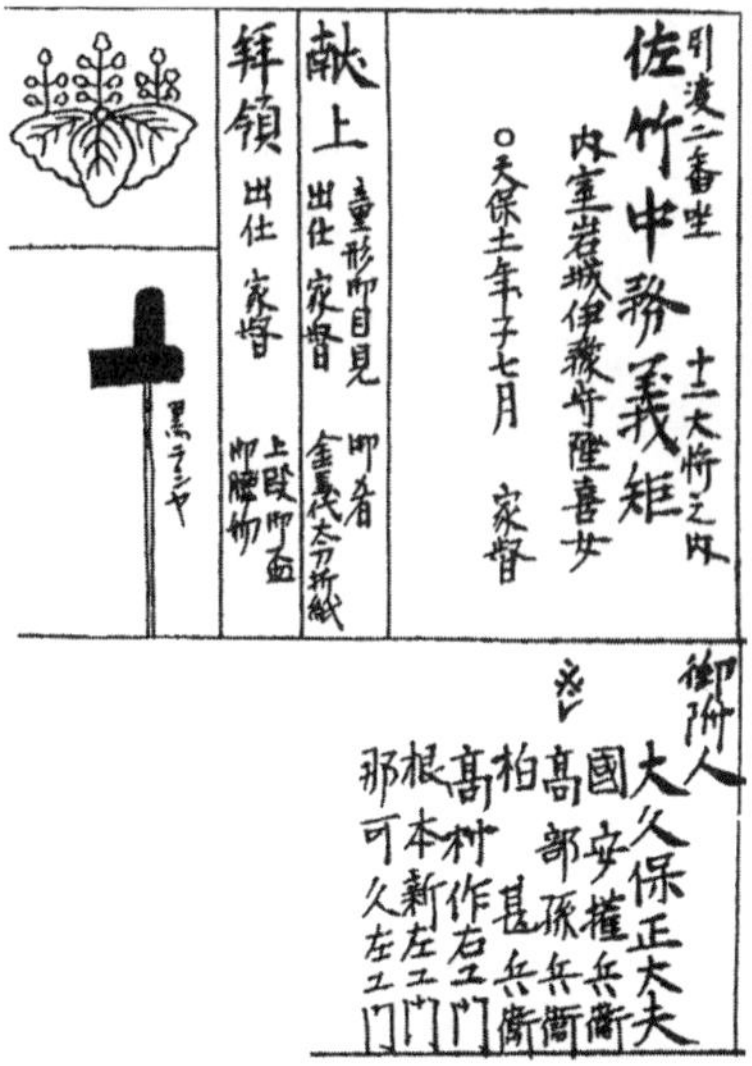

図1 『秋田武鑑 全』より

表1 「御軍割手組覚書」による十二大将の騎馬数一覧(知行高は延宝5年時のもの)

	大将名	知行高	久保田給人他騎馬数	組下給人騎馬数	下騎馬数	不明分	合計騎馬数
1	佐竹主計	4,000石	12	7	5	0	24
2	佐竹山城	5,000石	14	0	9	0	23
3	佐竹石見	13,000石	7	3	13	0	23
4	佐竹淡路	7,800石	6	4	13	0	23
5	石塚市正	1,700石	16	5	1	1	23
6	戸村十太夫	6,000石	2	14	8	0	24
7	多賀谷左兵衛	7,000石	6	9	8	0	23
8	向源左衛門	5,000石	17	0注1	6	0	23
9	渋江宇右衛門	4,000石	15	3	5	0	23
10	須田主膳	2,600石	21	0	2	0	23
11	佐藤忠左衛門	2,500石	19	0	4	0	23
12	梅津半右衛門	9,000石	9	1	13	0	23
			144騎	46騎	87騎	1騎	278騎

注1 上遠野織部の所から“与下”の肩書なしのため、写し忘れか。『国典類抄』を基準にすると、この部分が7となり、久保田給人・他の部分が10に変更される。

佐竹軍は藩主を中心とする本陣部隊は騎馬一〇九騎であった。次に本陣を支える支団は藩の有力家臣一二人がそれぞれ大将となり、各隊とも大将の知行高の大小に関係なく二三騎又は二四騎編成であった。一二人の大将の内、佐竹主計（角館北家）、佐竹主殿（東家）、佐竹石見（大館西家）、佐竹淡路（湯沢南家）と藩主の一族の四分家が大将となり、次に石塚市正（桧山組下持）、戸村十太夫（横手所預）、多賀谷左兵衛（桧山所預）、向源左衛門（横手組下持）、渋江宇右衛門（刈和野組下持）、須田主膳（久保田給人）、佐藤忠左衛門（久保田給人）、梅津半右衛門（角間川組下持）の面々が名を連ねている。各支団の構成は大将の知行高の大小や組下持か否かによって異なっている。

まず、大将が高禄の所預と組下持の場合（北・東・西・南の各分家と戸村、多賀谷、向、渋江、梅津の九支団）は、次のようである。

大将が預かっている組下給人と大将の家来である家中（陪臣）の騎馬（このことを**下騎馬**と言う）が主力。以下、具体的にその数を示すと次のようになる。（前の数が下騎馬数、後の数が組下騎馬数。三番目の数が両者の合計騎馬数として記述する）

◦一軍（北家）…　五＋七＝　一二騎　　◦二軍（東家）…　九＋〇＝　九騎
◦三軍（西家）…一三＋三＝　一六騎　　◦四軍（南家）…一三＋四＝一七騎
◦六軍（戸村）…八＋一四＝　二二騎　　◦七軍（多賀谷）…八＋九＝一七騎

○八軍（向）　…　六＋七＝　一三騎　　○九軍（渋江）…　五＋三＝　八騎

○一二軍（梅津）…一三＋一＝一四騎

下騎馬の占める割合の高いのがこの型の特色である。

次に大将の知行高が高禄ではなく、組下を持つにしても組下数が少ない場合と全く組下を持たない場合（石塚、須田、佐藤の三支団）

○五軍（石塚）　…一＋五＝六騎　　○一〇軍（須田）…二＋〇＝二騎

○一一軍（佐藤）…四＋〇＝四騎

これら三つの支団の主力は前者のような下騎馬や組下騎馬ではなく、久保田城下に居住する藩主直属の直臣騎馬であった。

本陣一〇九騎と大将配下二七八騎で合計の佐竹騎馬隊は三八七騎となる。その内、主力となるのは直臣騎馬で、その数二八七騎の兵士の知行高はどの程度なのかを見ると次のようになる。

大坂冬の陣の折、知行高三〇〇石で騎馬一騎の出動を命じ、一五六騎を含む一五〇〇人の兵とそれらを後方で支える者を合せ数千人が出動した。これ以後、藩では三〇〇石で一騎仕立てを命じ、これに満たない者達は複数の者の知行高が合計で三〇〇～三五〇石になるように組み合せ、その中から一人が代表で騎馬兵として出兵した。残りの者達は騎馬を出した者にかかる諸経費を償銀《つぐないぎん》、人夫、扶持米として負担するシステムを用いていた。このことを償《つぐない》と言う。

年未詳の史料によると、六人の給人の総知行高が三五〇石になる組み合せを作り、その中で最も知行高の高い一五三石の者が一騎を仕立て、他の五人（五〇石、四一石、四〇石、三三石二人）の合計知行高一九七石分に見合う経費即ち償銀一九七匁を負担している（『県史・資料編上』二二一「御軍割考」）。

延宝五年（一六七七）の「遠路軍役騎馬目録」によると

一〇〇石につき銀一〇〇目の償銀、扶持方一人につき一日銀一匁、乗馬の飼口代一日に二匁　伝馬代一日に一匁

とあり、高四〇〇石で一騎出動の場合、上下一〇人の供人の同行が規定の人数であった。

次に有力家臣が抱える家中（陪臣）の騎馬即ち下騎馬数は本陣一三騎と十二大将軍八七騎の合計一〇〇騎であった。これら一〇〇人の下騎馬兵の個人名はいずれの史料にも記載されていない。現在わかる限りの家中分限帳から指定された下騎馬数と禄高の関係を調べると次のようになる。

湯沢・南家　下騎馬数一三騎　元禄十三年（一七〇〇）時　八〇〇石以上
大館・西家　下騎馬数一三騎　延宝　六年（一六七八）時　一〇〇〇石以上
久保田・渋江家　下騎馬数五騎　元文　四年（一七三九）時　五〇〇石以上

渋江家の五〇〇石から大館西家の一〇〇〇石と大きな開きがあるが、これは各家の家中への禄高

の配分に関わるもので藩直臣への基準と比較することはできないが、直臣団のような償制度が存在していたのか否かは確かではない。一般的に見ると家中の人々の方が経済的負担は大きいと考えられる。

延宝五年に定められた「御軍割」以前に前述したように慶長十九年（一六一四）の大坂冬の陣の出兵のほかに元和八年（一六二二）の由利領請取の際の出兵があった。元和八年、隣領山形の最上家五二万石が改易となった時、幕府の命令で由利領内の本庄城、滝沢城、赤宇津城の請取りと宇都宮城主本多正純の由利移封にともなう治安維持と警備のための出兵時の騎馬数は二〇七騎であった。請取軍の構成は

城請取		梅津憲忠		八〇〇人
後詰	一手	小場式部組	四六騎	五二五人
	二手	戸村十太夫組	六七騎	六八二人
	三手	小場小伝治組	五九騎	六九六人
		須田八兵衛組	三五騎	四〇〇人
		合計	二〇七騎	三一〇三人

となっていた。二〇七騎の内、下騎馬は七九騎と請取軍の三分の一強を占める勢力であった。その

図１　秋田市川尻むつみ町の馬場小路跡（東家の馬場跡と言われている）

下騎馬を主人別に分けると次のようになる。

大館西家　小場式部下騎馬　一三騎
湯沢南家　佐竹修理下騎馬　一三騎
東家　佐竹将監下騎馬　一九騎
桧山　多賀谷下騎馬　八騎
角館　芦名下騎馬　二〇騎
　茂木下騎馬　四騎
小場小伝治と戸村十太夫下騎馬　各一騎

となっている。この内、南、東、芦名、多賀谷、茂木などの下騎馬は自からの主人が出兵していないにもかかわらず藩兵の一員として派遣命令を受けていたことになる。

図２　昭和初期の黒沢家長屋門（秋田市中通三丁目*）
建築年代は不明。門の向かって右側が家来の住む長屋、左側が馬屋で最低2頭がいたと推定される（秋田県立博物館研究報告第7号）。このような長屋門のある屋敷が町の両側に並んでいたと思われる。
（* 現在は同市楢山一つ森に移築復元）

証《しょう》人《にん》

〔武家分野（支配体制）〕

大名の正妻とその子ども達が幕府から与えられた江戸の屋敷で幕府への人質として生活しなければならないことは広く知られているが、それ以外に諸大名が幕府への忠誠の証として有力家臣の子弟を差し出した人質のこと。戦国期以来大名と被支配者間で降伏や服従を保証する手法として、人質を提出する慣習が行われていた。徳川政権の場合、一般的には慶長十四年（一六〇九）頃から義務付けられ正保四年（一六四七）四月に制度化された。証人になった人達は江戸城内の証人屋敷に住み、証人奉行の監理下におかれた。幕府の軍事力によって支配を図る武断政治的手法を象徴する政策のひとつであったが、四代将軍家綱がはじめた教養・学問によって支配する文治政治の中で戦国的気風を払拭するため殉死の禁止などとともにこの制度も見直され寛文五年（一六六五）七月に廃止された。

証人の人数は大名の領地高などによって異なるが寛文元年（一六六一）の場合で見ると一年に定詰と一年交替人数で三人以上提出の家は水戸徳川氏（二四万石）、越前松平氏（四五万石）、鳥取池田氏（三二万石）、松江松平氏（三二万石）、岡山池田氏（三二万石）、鹿児島島津氏（七三万

石）、伊勢安濃津藤堂氏（三二万石）、阿波蜂須賀氏（二六万石）、加賀前田氏（一〇三万石）、仙台伊達氏（五六万石）、米沢上杉氏（三〇万石）、秋田佐竹氏（二〇万石）、紀伊徳川氏（五六万石）、尾張徳川氏（六二万石）、高田松平氏（二六万石）、広島浅野氏（三八万石）、佐賀鍋島氏（三六万石）、萩毛利氏（三七万石）、熊本細川氏（五四万石）、土佐山内氏（一七万石）、福岡黒田氏（四三万石）、久留米有馬氏（二一万石）などで徳川の親族・親藩をはじめ有力外様大名が名を連ねている。

秋田藩の証人は『佐竹家譜』によると承応元年正月二十四日の条に三番編成で、次のようにある。

一番梅津外記実子惣領主馬、向豊前実子惣領八十郎、佐藤源右衛門養子孫忠左衛門
二番佐竹美作三番目弟石塚市正、渋江内膳養子甥左近、茂木宮内実子惣領まん
三番佐竹参河実子惣領式部、戸村十大夫実子二男多賀谷左兵衛、須田美濃実子惣領主膳、
　佐竹河内実子惣領福松
十人にて三人ずつ三組、毎年代りは春三月
とある。

証人となった者の家の知行高を「正徳四年御国中分限帳」で見ると次のようになる。

梅津外記（八三〇〇石）、向豊前（四一〇〇石）、佐藤源右衛門（二〇〇〇石）、佐竹美作（八二〇〇石）、渋江内膳（三六〇〇石）、茂木宮内（三五〇〇石）、佐竹参河（九〇〇〇石）、戸村十大夫（六〇〇〇石）、須田美濃（二六〇〇石）、佐竹河内（四〇〇〇石）

表1　証人制度（陪臣人質）（『羽陰史略』等から作製）

年	〔証　人〕	〔御　暇〕
寛永 16 2/8	小場式部嫡子、戸村十太夫嫡子、次男、梅津利忠〔3歳〕	
〃　17	佐竹三郎（南）〔17歳〕	
正保元	（向八十郎広政、渋江左近隆光）	
〃　2　3/26	小場六郎、多賀谷一学隆家〔16歳〕	向八十郎広政、渋江左近隆光
〃　3		（小場六郎、多賀谷隆家）
〃　4		
慶安元		
〃　2	（石塚市正、梅津外記）	？
〃　3	渋江左近、向八十郎	石塚市正、梅津外記
〃　4	（小場式部、多賀谷左兵衛）	（渋江左近、向八十郎）
承応元	佐藤忠左ェ門、梅津主馬、向八十郎	小場式部、多賀谷左兵衛
〃　2	（石塚市正、茂木三郎、渋江左近）	（佐藤忠左ェ門、梅津主馬、向八十郎）
〃　3	北又四郎〔11歳〕、多賀谷左兵衛、須田主膳	石塚市正、茂木三郎、渋江左近
明暦元	向八十郎広政、佐藤忠左ェ門盛信、梅津主馬	北又四郎、多賀谷左兵衛、須田主膳盛品
〃　2	石塚市正、茂木三郎、渋江左近	向右近、佐藤忠左ェ門、梅津主馬利忠
〃　3	（北又四郎、多賀谷左兵衛、須田主膳）	（石塚市正、茂木三郎、渋江左近）
万治元	佐竹六郎〔15歳〕、向右近広政、佐藤忠左ェ門	北又四郎義明、多賀谷左兵衛隆長、須田主膳
〃　2	石塚市正、茂木将監、渋江左近	佐竹六郎、向源左ェ門、佐藤忠左ェ門
〃　3	佐竹又四郎、多賀谷左兵衛、須田主膳	石塚市正、茂木将監、渋江左近
寛文元	向源左ェ門、梅津茂右ェ門、佐藤忠左ェ門	佐竹又四郎、多賀谷左兵衛、須田主膳
〃　2	佐竹源六郎（東）〔16歳〕、茂木将監、渋江左近	向源左ェ門、梅津茂右ェ門、佐藤忠左ェ門
〃　3		（佐竹源六郎、茂木将監、渋江左近）
〃　4	石塚源一郎、梅津茂右ェ門、佐藤文七郎	
〃　5	佐竹源六郎、茂木将監、多賀谷梅千代〔6歳〕	石塚源一郎、梅津茂右ェ門、佐藤文七郎
〃　6		（佐竹源六郎、茂木将監、多賀谷梅千代）

佐竹一門の南家、北家、西家をはじめ藩の重臣達の子弟が証人となっていた。『羽陰史略』や『佐竹家譜』などから年ごとの証人をさがし出すと表1のようになる。表の中で「証人」とある部分はこれらの人物がその年、証人の役目を勤めていたことを示し、「御暇」とは証人任務を解除されたことを示している。表中の（　）の部分は証人または御暇の部分が記録上記載が見られなくとも前後の関係から人物を推定できる場合とした。証人の年齢は寛永十六年の梅津利忠三歳がわかる限り最も年少

で、次が寛文五年時の多賀谷梅千代の六歳であった。

証人は、その他の例からも二〇歳以下である場合が多い。これらの証人は一度勤めればその役目が終るものではなかった。須田美濃の惣領主膳の場合で見ると三番に属し、承応三年、明暦三年、万治三年に同じ三番に属している多賀谷左兵衛、北又四郎と共に三年一回、七年間で三度証人として江戸に登っている。証人として江戸に登り将軍に御目見の際には慣例に従い、それぞれが「太刀馬代」を献上している。一方、御暇となった者は幕府からそれぞれ「時服二、御羽織一」などの衣服が与えられた。将来、藩の中で重要な役目に就く人達が若年の頃に江戸城で一年間人質として生活する中で彼らが肌で感じた幕府の権威や封建制度下での身の処し方などは貴重な財産となり彼らの人生を支えたろうと想像される。

食物《しょくもつ》に関《かん》する用語《ようご》

〔生活・その他〕

かぜ　ハマグリの貝殻に焼いたウニ（雲丹と漢字で表記する）の身を盛りつけ縄で数個吊した三陸の特産物。『渋江和光日記』では小安や泥湯に行った湯治の人々の土産品。南部藩三陸海岸から奥羽山脈の峠道を越えて運ばれて来た海の産物。

かやの実　樹の高さ二〇m前後の大木になる木で、その実は文様のない皮で被われ、熟せば自然に皮が割れて実を落とす。この実は脂肪が多いため、その油は食用にされた。そのほか、この実は蛔虫《かいちゅう》や十二指腸虫の駆除薬として効果があるとされてきた。かやの木は木目が美しく将棋盤た駒として使われたし、腐りにくいことから桶類の材とされた。辞典では北限は宮城県とされているが秋田市の千秋公園本丸をはじめ下淀川村肝煎邸（大仙市）や秋の宮漆沢（湯沢市）に今も大木として残っている。

くぎ（き）　『渋江和光日記』では横手の武士の手土産として出てくる。『原色日本淡水魚図鑑』（保育社）によるとウグイのことである。川魚の代表的なもの。

粉《こ》ざき　農民は年貢納入にあたり品質の劣る米は出さないことを示す語。米の選別用の農具である千石どおしの網目を通り抜けてしまう破損した米、いわゆるくず米を「**粉ざき**」と言い飢饉時の非常用として保存しておくことがあった。また、これに酢を加えまぜものとして食したり、こうじやミソの材料として利用する地域もあった。

御《ご》所《しょ》柿《がき》　院内（湯沢市）大山氏からの贈答品として『渋江和光日記』に出てくる。実の形は平たく、大きい柿で筋が四つあり、ほぼ四角に見える。甘くて上等の柿とされている。

根花　ワラビの根からとれるデン粉を色々な方法でアク抜きした後、餅（根花餅）として食す。飢饉時の食物（〝かてもの〟と言っている）として多数の人々を飢から救った食糧。『渋江和光日記』の中で、横手、角館、下淀川村からの土産として「根花一袋」などとして出てくる。

はったい粉《こ》　大麦などの穀物を炒って挽いた粉のこと。保存食としてお湯でとかし練って練り菓子としていた。徳川家康の好物であったと伝えられる。『渋江和光日記』では五拾丁村（現秋田市）からの贈物としてある。

松《まつ》藻《も》　三陸海岸でとれる海草のこと。褐藻類マツモ科。銚子以北の潮間帯に繁茂する。茎は円柱状で長さ二㎝余りの短い枝を羽状に密生し松の新芽を思わせる形をしている。美味で食用となり乾物屋で〝焼《やき》松藻〟として今でも売られている。県南部特に平鹿・雄勝地方の山間部では祝用として特別な一品であった。小安などに行った湯治の武士の土産として久保田でも食されていた。

ユリ　山野に夏に咲くオニユリ、ヤマユリなどユリ科の根を秋に掘り出し、その鱗茎に大量に含まれているデン粉質を蒸しもの、煮もの、菓子などとして食用にしていた。日本料理の食材のひとつ。横手、馬場目村、大館などからの土産品として『渋江和光日記』にある。

嵐《らん》山《ざん》 新屋（秋田市）で藩政期に作られた酒で名酒とされ領内で広く飲まれ、渋江和光は特に好んで愛飲していた地元の酒の銘柄である。

霊《れい》芝《し》 万年茸のことでサルノコシカケ科のキノコ。乾燥しても原形を保ち、腐らないところから付いた名。古くから縁起物として珍重され、表面をみがき床の間の飾りにされた。『渋江和光日記』では馬場目村（現五城目町）からの土産品として出てくる。

新《しん》家《け》 〔武家分野（格式）〕

地主や商人が藩に金銭や米を献上したり、又は開発、植林、産物の取り立てなどで功績があったとの理由で新しく武士身分になった人のことを**新家**と言う。『秋田武鑑　全』（無明舎出版）によると安永以降（一七七二〜）新家に一〇四名が取り立てられた。取り立ての時期は寛政期六名、一八〇一〜一〇年期六名、一八一一〜二〇年期一〇名、一八二一〜三〇年期一二名、一八三一〜四〇年期六一名、一八四一〜四四年期七名、不明二名となっていて天保四〜七年までの四年間が五七名と特に集中的に採用された。新家の人々が所属する郡はわかる限りで見ると秋田郡三二、仙北郡一一、平鹿郡五、山本郡四一、久保田、雄勝、河辺各一で山本郡の中でも能代の二三名が目立つ。そのほか人数が多いのは大館と六郷が各五名、十二所の三名であった（湯沢と横手が皆無なのは不思議である）。能代二三名の中にはこれまでの肩書が材木役とか御雑用役とあることから林業に関係していた者が多いようだ。

新家の人々が藩にどれ程の献金をしたかは『秋田武鑑　全』に示されていないが、栗林家の記録（『六郷町史』）から同家が藩に献金した金額は一七世紀後半から一九世紀中頃までで、およそ八万三〇〇〇両余りであった。

禄高記載のある者が一四名いる。最高は仙北郡六郷の豪商人栗林八郎兵衛で一〇〇四石、次が産物方の高橋宮蔵の九〇〇石と続き、四〇〇石代三名、三〇〇石代三名、二〇〇石代四名、五〇石以上一名、五〇石以下一名となっており禄高だけで見れば藩政の重要ポストを代々担って来た家格ある重臣家臣達をはるかに超える者も誕生していた。

このような状況は従来からの身分社会の秩序が崩壊すると感じた藩は文政八年（一八二五）、金穀献上等で武士身分になった者達は今後禄高の大小に関係なく「新家」と呼ぶことにして彼ら「新家」は「旧家」（以前からの家臣）の次席とすることにした。即ち、どんなに禄高が高くとも昔からの家臣とは扱いが別で下位であるとしたのである。なお、「新家」でも三代続けて重要なポストに就任した場合は四代目からは「旧家」の列に加えるとしている。

「新家」の進出は百姓、町人でも実力があれば藩政に参加でき、その能力を十分に発揮できる時代になったことを物語っており、これら「新家」の新しい血を加えることで激しく動揺しつつある藩体制を再建、補強しようとしていたことがわかる。

「新家」の代表格に文政十一年（一八二八）新家となった渡部斧松がいる。彼による開墾村渡部村の成立や林業、養蚕、治水分野、そして、藩の家老格で御相手番であった渋江和光家の倹約指導など大車輪の活躍は多くの人々により研究され、その業績が明らかになっている。

また、安政元年（一八五四）二月十六日付けで海岸防備のため土崎湊に一三名、新屋に一六名、船越に一六名、北浦に一八名、八森に一八名の合計八一名の郷士・新家が五か所の要地への駐屯を命じられ、それぞれの屋敷割りが行われたことがわかっている（『秋田市歴史地図』渡部景一編著　無明舎出版　一五二〜一五八頁）。

人《じん》口《こう》〔生活・その他〕

秋田藩の総人口

延享四年（一七四七）から文化十三年（一八一六）までの間で六万八四二五人の人口減少—一二％の減少—が見られ一二四年前の元禄五年時の人口よりも三万二四一一人少なく激しい減少が見られる。この減少の原因と考えられるのが江戸三大飢饉のひとつとされる天明二年～七年（一七八二～八七）の天明の飢饉と奥羽地方で大被害となった宝暦三年～七年（一七五三～五七）の宝暦の飢饉による餓死と疫病死によるものと考えられる。

宝暦飢饉の惨状としては仙北郡今泉村の場合、宝暦七年正月に書かれた打直検地を求める書状の中で以前四五軒あったものが現在は二五軒となったと訴えている（小笠原浩家文書二四二）ことで宝暦飢饉の被害の大きさがわかる。

次に天保飢饉についてては平鹿郡大塚村で見ると天保三年村人数二一一人であったものが飢饉後の安政五年（一八五八）時、村人数が一七八人に減少していることで被害の大きさがわかる（『雄物川町史』）。

(1) 元禄五年の詳細

内訳の中に武士関係と鉱山関係が記述されていないので総人口と数値は一致していない。また、町人数は久保田町と湊町を合算した人数になっている。

農民人口は仙北三郡（別名上筋とも言う。仙北、平鹿、雄勝の

表１　藩の総人口

	年　代	（西暦）	総人口数	出典・その他
(1)	元禄５年	（1692）	346,411 人	『県史』通史上　P172
(2)	延享４年	（1747）	382,425 人	『同上』　P173
	文化 13 年	（1816）	314,000 人	『同上』通史下　P67
(3)	天保４年	（1833）	432,850 人	『秋田市史』近世通史編　P449
	嘉永２年	（1849）	335,212 人	『県史』通史下　P67
(4)	安政２年	（1855）	376,008 人	『県史』資料編下〔1618〕

三郡のこと）と下筋三郡（河辺、秋田、山本の三郡のこと）に分けて記述されており、農民総人数は三〇万九一一二人であった

日本独特の宗教である修験関係が神社関係者（社人、別当、祢宜《ねぎ》）より人数の多いことが注目される。道心・行人は正式の資格を得ている僧侶ではない人々で寺院の雑務などを担当していた。

賤民の人々は幕府や藩がその権力機構の中で必要とされた人々で行刑や死牛馬の処理等を担当していた。この当時、人口の総合計には加えず、集計外としており差別的扱いであったことがわかる。

⑵ 延享四年の場合の詳細

元禄五年時は不明であった久保田給人と在々給人（久保田以外の地に駐屯している直臣の人々で組下《くみした》と呼ばれた人々）、そして角館御家中（本《もと》御家中・本書222頁参照）から藩内の直臣家臣数が二万七一五八人とわかる。

しかし、この数値は家族人数であるから純粋な意味で家臣団数ではない。更に、「諸奉公人

表２　元禄５年の場合の詳細

久保田、湊両町	29,095 人
仙北三郡	161,723 人
下筋三郡	147,389 人
久保田・在々修験家内共	1,268 人
在々社人・別当・祢宜	958 人
在々道心・行人家内とも	223 人
総人口数の他に　賤民	289 人がいる。

も表外の注にあるとおり、武家に関わる様々な任務の人々を一括してまとめているため細かな分析を試みる人達にとっては不満が残る部分である。

（農・工・商）と士以外の三つの区分を一括していることで当時の農・工・商それぞれの数

表3　延享４年の場合の詳細

分　　類	延享４年（1747）	
久保田給人	14, 616 人	36, 075 人 武家関係者〈9.4％〉
諸奉公人	7, 684	
久保田在々諸職人	1, 134	
在々給人	12, 288	
角館御家中	254	
諸奉公人	99	
久保田・湊町人	21, 313	328, 444 人 農工商関係者〈85.9％〉
農工商	307, 131	
鉱山稼人	7, 422	7, 422 人 鉱山関係者〈1.9％〉
久保田在々修験・社人	3, 588	10, 358 人 宗教関係者〈2.7％〉
久保田在々比丘尼・座頭・道心・寺社門前	2, 537	
久保田・湊諸寺院	1, 210	
在々諸寺院	3, 023	
村々旅人	126	
合　　計	382, 425	
外に穢多・乞食	440	

注１．延享４年は『延享４年卯９月御領内六郷人数調目録』（『秋田沿革史大成』下巻所収）により、安政４年の分は『秋田県史』資料「近世編」下〔1618〕により作製した。

２．表中「諸奉公人」として一括した内容は次の如くである。歩行・茶屋・鷹匠・馬役・広間坊主・掃除坊主・行燈坊主・中屋味噌坊主・飯炊駕籠小頭・草履取・秋野・足軽・組同心・中間・小人・厩者・餌刺・鳥見等である。

を確定することはできない。

秋田藩特有の区分として（鉱山）関係者の区分があり、全人口の一・九％に相当する七四二二人が藩内各地の鉱山で仕事に従事していたが、これらの人々の中には他領から移動して来た技術者や労働者が多数存在してはずだがここでは出身国別の集計は行われていない。

この調査の中で初めて領内の寺院（仏教徒）の人口が四二三三人なことがわかる。この数は

(4) 安政二年時においても四二二七人であるから藩政期全般を通して四二〇〇人前後あったと理解できる。

(3) 天保四年の詳細

天保飢饉に際して藩は湊騒動対策として、湊の下層生活者である小間居《こまい》の者に一人一日白米三合の三〇日分を支給することを決めたがこれを全町民に拡大適用することにした。町方一人二合五勺、賃労働者は一日三合、一〇歳以下の子供は一合五勺と考えていた。この政策が家《か》口米《こうまい》仕法と言われるものであるが、藩は湊町だけではなく対象者を全領民に広げた場合に必要となる飯米量を試算する必要があったため急遽人口調査をしたようで、その結果が表4にある数値である。そのため身分による区分ではなく、居住区分による人数確認となっているのがこの表の特色である。

（久保田、湊、能代）の区分は飢饉の影響を特に強く受ける人々と考えていたようだ。即ち、

表4　天保4年11月秋田領内惣人数調

	人数(人)	小計(人)
（城下、土崎湊、能代）		
御一門より諸士まで	11, 417	
役附近進並軽輩共、久保田町、湊町、能代町町人共ニ	16, 015	
長屋借	780	28, 218
（在町）		
小鷹狩右近組下足軽共	2, 838	
角館、刈和野組下給人足軽共	4, 638	
檜山組下給人足軽共	1, 112	
大館、十二処組下給人足軽共	3, 478	
在々長屋借、屋敷借共ニ	1, 458	
久保田並ニ在々寺院、修験社人、門前共ニ	1, 412	14, 936
（農民）		
雄勝郡	39, 305	
川辺郡	24, 724	
平鹿郡	51, 738	
山本郡	47, 876	
仙北郡	85, 777	
秋田郡	120, 061	369, 481
（鉱山）		
籠　山	356	
矢櫃山	246	
大葛山	566	
阿仁銅山（四ヶ処）	5, 561	
向銀山	68	
院内銀山	2, 314	
八森銀山	179	
その他諸山	925	10, 215
惣人数		422, 850

これらの地の人々は農地を持たず農村からの年貢米や市場に集まった村からの食糧によって日々の暮しが成立する人々であったことによる。とするならば（在町）の区分に含まれている「久保田並に在々寺院」以下の一四一二人の内、少なくとも「久保田居住の寺院、修験、社人、門前」は（城下、土崎湊、能代）と同じ条件にある人々と言えるはずだが何故含まれていない

のか不明である。

（農民）区分は、藩の統計資料の中で「農民」区分として人口調査を藩全体をまとめる形で実施した例が少なく貴重なデータである。

農民数三六万九四八一人は、これ以前の享保六年データの三二万六六七三人より四万二八〇八人多く、享保六年から一一〇年余りの中で宝暦飢饉時の減少を乗り越えて村が回復基調にあったことを物語っている。郡ごとの動きについては後述する。

（鉱山）区分は、延享四年時七四二二人、天保四年時一万二一五人、安政二年時一万一七二一人と各鉱山とも盛衰激しいものがあったが阿仁銅山と院内銀山がその中心であったのがわかる。

⑷ 安政二年の場合の詳細

武家人口の総数三万五七二四人は、延享四年時の三万六〇七五人よりわずかに少なくなっているが、藩制中期以降は安定した人口状態であったことがわかる。宗教関係者の総人口一万一〇六〇人は延享時一万三五八人であったことから人数的には一万～一万一〇〇〇人前後で推移しているのがわかる。以上のことから天保四年時の宗教関係人数一四一二人は延享及び安政期のおよそ八分の一となり、明らかに天保期の数値は不正確と言わなければならない。

鉱山関係人口一万一七二一人は延享期七四二二人、天保期一万二一五人とあるように安定的に人口増加の状態にあることがわかる。これは、初期に院内銀山が全盛期を迎え久保田城下と肩をならべる程の大人口であった時期の後に衰退期を迎えると一般的に思われがちであるが、実は天保期に大復活をとげ初期に匹敵する程の盛山を迎えていた。

表5　安政2年（1855）領内人口　（『県史』資料編下［1618］より）

	項　目	人　数	内男人数	内女人数	集　計
武士関係者	久保田給人	16, 398 人	8, 180 人	8, 218 人	35, 724 人〈9. 5%〉（男 18, 344：女 17, 380）
	在々給人	12, 017	6, 501	5, 516	
	角館住居後給人	93	53	40	
	御歩行、茶屋、鷹匠、馬役	427	206	221	
	御広間坊主、御掃除坊主、御行燈坊主	98	51	47	
	御中屋味噌坊主、御飯焚、御草履取	303	136	167	
	久保田在御足軽、同心、小人、御厩之番、御餌刺、御鳥見	6, 388	3, 217	3, 171	
農商工	久保田・湊町人	17, 636	8, 702	8, 934	316, 454 人〈84. 2%〉（男 167, 275：女 149, 179）
	秋田、仙北百姓町人	298, 818	158, 573	140, 245	
	久保田在々諸職人	1, 006	544	462	1, 006 人〈0. 3%〉（男 544：女 462）
宗教関係者	久保田諸寺院	981	815	166	11, 060 人〈3%〉（男 7, 003：女 4, 057）
	在々寺院	3, 246	2, 526	720	
	久保田在々座頭	146	102	44	
	久保田在々修験	2, 198	1, 181	1, 017	
	久保田在々社人	939	495	444	
	久保田在々行人	56	36	20	
	久保田在々寺社門前	3, 494	1, 848	1, 646	
その他	鉱山関係者	8, 937	4, 729	4, 208	11, 721 人〈3. 1%〉（男 6, 292：女 5, 429）
	院内、松岡、水沢鉱山	2, 784	1, 563	1, 221	
	能代旅人	43			
	合　計	376, 008	199, 458	176, 550	
	＋乞食、その他	501			

武士の人口

(1) 寛永四年の詳細

表7は、秋田藩成立当初の家臣団数とその構成をある程度知ることのできる史料である。

藩主の居城の久保田在住の家臣団は、知行取五四九人と足軽一一四〇人の合わせて一六八九人となり在々家臣と足軽の合計七八四人より圧倒的に多く、その全体に対

表6　武士関係戸（人）数

（直臣家臣人数であって、家中・陪臣は含まれていない）

年　代	（西暦）	総戸（人）数	出典・その他
寛永４年	(1627)	2, 473 人	『県史』通史近世上　P153、P155
貞享元年	(1684)	3, 577 人	『国典類抄』軍部三
元禄５年	(1692)	4, 670 人	『秋田市史』通史近世　P268
元禄16年	(1703)	6, 712 人	〃　〃　P269
正徳４年	(1714)	3, 555 人	『御国中分限帳』
元文４年	(1739)	1, 688 人	『秋田市史』通史近世　P270
文化７年	(1810)	6, 030 人	『県史』通史下　P54
文政４年	(1821)	7, 429 人	守屋家文書
嘉永元年	(1848)	3, 237 人	『県史』通史上　P155

表7　寛永４年の家臣団

（県庁文書「窪田配分帳」・「在々給人配帳」）

久保田在住家臣	549 人	87, 265.164 石
在々居住家臣	339 人	47, 356. 000
小　計	888 人	134, 621.164 石
久保田在住足軽	1, 140 人	11, 595. 184
在々居住足軽	445 人	3, 520. 500
寺　院	14 ヶ寺	1, 290. 000
神　社	7 社	290. 000
蔵　出　し	5 人	100. 000
総　計	2, 473 人	151, 416.848 石

・在々＝久保田以外の地に駐屯している組下家臣のこと。
・蔵出し＝知行地は与えられず、御判紙高を基準とした年貢米を藩の米蔵から米で支給される家臣のこと。

※なお、家臣 888 人には、湯沢、院内、角間川の家臣数が含まれていない。

する割合は六八％余りであった。なお、この寛永四年史料をはじめとして、すべての史料に知行取家臣の家中（陪臣）の人数が示されていないことに注意したい。また、多くの場合江戸、京都、大坂在住の家臣数が統計の中に含まれることは、ほとんどない点も注意しなければならない。

(2) 貞享元年の詳細

表８　貞享元年秋田藩家臣団階層構成

分限内訳	人　数	（小計）
1万3,000石～1,000石	20人	1,743人
900石～400石	40人	
370石～150石	252人	
140石～70石	405人	
69石～30石	610人	
29石～1石	416人	
蔵出（扶持取）	62人	1,814人
足軽	1,502人	
中間	250人	
総　合　計	3,557人	

『国典類抄』前編軍部三（秋田県立図書館蔵）による

- 知行高の区分は、原史料の中での区分である。史料での知行高の区分に定まった標準はないようである。そのためデータとして不統一な弱点がある。
- 久保田、在々の区分がない。
- 寛永四年時、足軽数は一五八五人であったが、貞享元年時は一五〇二人とあるから、秋田藩の足軽人数はおよそ一五〇〇人前後と言えるだろう。
- 貞享時の知行取給人数は一七四三人であるが、寛永四年時、湯沢、院内、角間川が入っていないとは言え、八八八人であったから、五〇年余りの間に、家臣団数は約二倍に増大したことになる。家臣の次男以下の人々が本家から知行地を分割してもらい、新たな一族が領内の各地で登場した結果によるものであろうと推定される。

- 前回には見られなかった「中間」と称される武士身分の中での最下級の人々がはじめて記録として記載されている。

(3) 元禄五年の詳細

最初の寛永四年時の約二倍値にあたる四六七〇人と家臣人数の増大が順調に伸びていることがわかる。

総合計人数が四六七〇人とあるが次の二点から数値に変動があると考えられる。

その一

騎馬三八七騎（人）とあり、その内一〇〇騎は下騎馬とあるが、この下騎馬とは直臣家臣の家中から藩主に対する軍役として出される者達であるから三〇石以上の小計七二五人から一〇〇人分を減ずる必要がある。即ち小計は正しくは六二五人となる。

その二

在々給人一七〇六人の内訳に組下二一人が駐屯する刈和野が含まれていないことである。後の史料正徳四年時の数値をそのまま利用すると一七〇六人に追加二一人で合計は一七二七人となる。

表9　元禄5年秋田藩家中人数

内　訳	数	備　　考	
騎　　馬	367騎	内100騎下騎馬	（小計）725人
駄　　輩	82人	150石～100石迄	
同	55人	90石～70石迄	
不　　肖	201人	60石～30石迄	
目　　付	30人	老中支配	
兵具手伝	20人	頭2人	
歩　　行	200人	頭8人	
鷹　　匠	120人	頭2人	
茶 屋 者	30人		
足　　軽	1,105人	内50人 御旗、但信太小右衛門、其後田中忠兵衛、元禄15年4月13日より大越靱負支配	（小計）1,185人
		同580人 鉄砲	
		同300人 鑓	
		同30人 四郎三郎様より出ル分	
江戸御足軽	20人	龍田源太夫支配	
萱橋御足軽	50人	大嶋助兵衛支配	
同　御足軽	10人	萱橋御代官支配	
弓鉄砲鑓者（物）頭	43人	内31人鉄砲頭弓付	
		内12人鑓頭	
町奉行同心	40人		
中　　間	250人	頭3人	
厩 の 者	100人	御台所役支配	（小計）321人
御草履取	8人	御台所役支配	
御駕籠者	20人	小頭5人	
江戸詰小者	193人	頭2人	
合　　計	2,964人		
在々給人	1,706人	横手・湯沢・角間川・「檜内」・十二所・大館　（桧山）	
総合計	4,670人		

「若殿様（修理大夫義苗公徳雲公也）御懐中為御用元禄五壬申年梅津半右衛門指上候覚書」（小貫家文書）による。

以上二点を修正値として全体を見ると、注目されるのは藩主の日常生活を支える者達の存在である。

娯楽、趣味的分野として鷹匠が一二〇人、茶屋者三〇人で合計一五〇人。馬関係の厩の者一〇〇人、草履取八人、駕籠者二〇人。以上を合計すると二七八人となり総合計人数四五九一人（四六七〇人－一〇〇人＋二一人）の約六％に相当する大人数であった。

次にこの史料では江戸と萱橋在住の足軽八〇人と小者一九三人（合計二七三人、総人数の六％余り）が示されていることである。

次に中間二五〇人と町奉行同心四〇人は後の正徳四年時においても同数であることからこの頃既に定数となっていたと思われる（町奉行同心は、久保田町奉行の配下で久保田町の治安維持を担当する下級役人）。

⑷ 元禄十六年の詳細

知行取り給人数の集計にあたり知行七〇石以上の駄輩《だはい》を一定の目安としていることが、貞享元年、元禄五年、元禄十六年、正徳四年、元文四年、文化七年の各表からわかる。これは七〇石が騎馬動員の際の基準になっていたことによるものと思われる。

次に、この年の足軽と中間の合計数二一〇三人に疑問がある。次の表11は、足

表 10　元禄 16 年家臣団階層構成

分限内訳	人　数	（小計）
9,000 石～70 石	861 人	1,507 人
60 石以上	646 人	
蔵米・扶持取	3,102 人	
足軽・中間	2,103 人	
合　計	6,712 人	

「平沢通有日記」元禄 17 年3月8日条による

表 11　足軽と中間の数値について

年（西暦）	足軽数	中間数	合　計
貞享元年（1684）	1,502 人	250 人	1,752 人
元禄 5 年（1692）	1,105 人	250 人	1,355 人
元禄 16 年（1703）	（1,853 人）	（250 人）	2,103 人
正徳 4 年（1714）	1,443 人	250 人	1,693 人
文化 7 年（1684）	1,377 人	？	？

（　人）は推定値

軽と中間の人数部分だけを抽出したものである。

貞享、元禄、正徳の三時期の中間数が二五〇人であることから元禄十六年時の中間数を仮に二五〇人とすれば、同年の足軽・中間の合計人数が二一〇三人なのだから足軽数は一八五三人となる。

しかし、足軽数が明らかな貞享元年から文化七年までの中で一五〇〇人を越えたのは貞享元年の一回だけで、それも二人オーバーである。

このことから元禄十六年の数値は前後の関係から見て異常に人数が多く不正確なデータと考えられる。更に総人数六七一二人はこれより十一年前の元禄五年と比較して二〇四二人の増加となるが、十一年間で二〇〇〇人余りの増大にも不自然さが残る。

また、七〇石以上の人数八六一人も貞享元年七一七人、正徳四年七六〇人、元文四年七二九人、文化七年七〇七人と他の数値より一〇〇人余り増加しており、元禄十六年数値にも疑問が残る。

(5) 正徳四年の詳細

知行高の区分は半田市太郎氏の区分による（経済研究所所報第15・16輯「秋田藩における城下給人について」、同じく「在方給人について」）。寛永四年の八七年後、新規採用や分家創などによる家臣数の増加も落ち着きを見せ安定期に入った正徳四年頃、城下給人は九八一人と寛永四年時と比べると四三二人の大幅な増加になっている。この四三二人の増加を知行高区分で

表 12　正徳 4 年「御国中分限帳」の詳細

区分	城下給人 人数（人）		在方給人 院内	湯沢	横手	角館	桧山	大館	十二所	刈和野	角間川	合計人数	
5,000 石以上	2	21		※1	※1		※1	※1				4	6
2,500 石以上	5					※1			※1			2	
1,000 石以上	14												
500 石以上	22	266	※1		△1	×1						3	40
300 石以上	56				△2	△1	1	△1	△1			6	
150 石以上	188				△1 10		6	△2 6	△1 3	1	1	31	
100 石以上	140	263	3	14	20	△1 5	7	△1 8	12	1		72	164
70 石以上	123		2	8	35	12	1	△1 18	△1 11	3		92	
50 石以上	150	353	3	12	39	△1 9	2	21	19	6		112	272
30 石以上	203		1	29	42	23	19	△1 25	△1 11	8		160	
30 石以下	78	78	5	16	76	35	22	56	34	2	43	289	289
計	981		15	80	227	89	59	141	95	21	44		771
歳出	?												
扶持	?				110								110
足軽	930		30	60	90	60	93	60	60	60			513
中間	250												
合計	2,161		45	140	427	149	152	201	155	81	44		1,394

※＝所預　×＝組下持ち　△＝その他の非組下

表 13　城下給人の寛永 4 年時と正徳 4 年時の比較

	1,000 石以上	999～500 石	499～300 石	299～100 石	99～50 石	49～30 石	30 石以下	合計人数
①寛永 4 年	10 人	19 人	27 人	194 人	168 人	115 人	16 人	549 人
②正徳 4 年	21 人	22 人	56 人	328 人	273 人	203 人	78 人	981 人
増加人数（①－②）	11 人	3 人	29 人	134 人	105 人	88 人	62 人	432 人
増加の割合	2. 1 倍	1. 15 倍	2. 07 倍	1. 69 倍	1. 62 倍	1. 76 倍	4. 87 倍	平均 1. 78 倍

詳細に見ると表13のようになる。全体としての増加割合は一・七八倍であるが、その中で増加度の高い区分は三〇石以下の四・八七倍、次が一〇〇〇石以上の二・一倍、三〇〇石～四九九石の二・〇七倍と続く。人数的に見ると、一三四人の増加となった一〇〇石～二九九石の中級家臣層が増加の主体であったことがわかる。

一方、在方給人については寛永四年時（前述したように院内・湯沢・角間川のデータが抜けている）の三三九人が約二・三倍の七七一人となっているが城下給人の方が二〇〇人余り多く、城下給人の数的優位制は藩政期のすべての時期において変わることはなかった。在方給人七七一人の知行区分別の人数分布を見ると三〇石以下が全体の三七％（城下給人の場合は八％）であることから小禄家臣が在方給人の主力であったと言えるだろう。

⑹元文四年の詳細

足軽と中間の記載が見られない。城下給人（久保田給人と表現している場合もある）の合計は一〇四三人でこれは前代の正徳四年時より六二人増加している。知行高区分別に見ると、一〇〇〇石以上が二一人から一七人となり、四人減。三〇〇石以上が七八人から六九人で九人減。一〇〇石以上が三二八人が三二八人で変動なし。七〇石以上が一二三人が一四五人で二二人増。三〇石から六九石が三五三人が三七一人で一八人増。三〇石以下が七八人から一一三人で三五人増。合計六二人増となっており、三〇〇石以上中～上級家臣団の減少（一三人減）と

表 14　元文４年給人の知行高階層構成

知　行　高	久保田給人 人数	久保田給人 小計	在々給人 人数	合　計
6,000 石以上	0 人	0 人	3 人	3 人
6,000 石未満～ 2,000 石以上	6 人	17 人	2 人	8 人
2,000 石未満～ 1,000 石以上	11 人		0 人	11 人
1,000 石未満～ 500 石以上	25 人	69 人	4 人	29 人
500 石未満～ 300 石以上	44 人		2 人	46 人
300 石未満～ 150 石以上	168 人	328 人	20 人	188 人
150 石未満～ 100 石以上	160 人		45 人	205 人
100 石未満～ 70 石以上	145 人	629 人	94 人	239 人
70 石未満～ 30 石以上	371 人		263 人	634 人
30 石未満～ 11 石以上	113 人		212 人	325 人
合　計	1,043 人 (61. 8%)		645 人 (39. 2%)	1,688 人 (100%)

「分限帳—元文４年—」（秋田県立図書館蔵）による

一〇〇石以下の各区分での増加（七五人）によるものであった。

一方、在方給人は前代の七七一人が六四五人と一二六人の減少となっている。どの知行区分が減少したかを調べると次のようである。一〇〇〇石以上で一人減、三〇〇石以上で三人減、一〇〇石以上で三八人減、七〇石以上で二人増、三〇石以上で九人減、一一石～二九・九石までで七七人減となる。一二六人の減の内、一一石～二九・九石の範囲で減少分の六一％を占めている。その理由は次のような理由によってであった。正徳四年の区分では「三〇石以下」の基準であったものが元文四年時は「三〇石～一一石」の基準に枠が狭くなったためで、前代と同様の基準で表示すれば二一二人を超えるのは明らかである。なお、二九九石から一〇〇石までの範囲で三八人の減少は注目されるが目下の所、くわしくは不明である。

表 15　文化７年秋田藩家中分限

知行高	久保田給人		在々給人		江戸定詰		合　　計	
	人数	知行高計	人数	知行高計	人数	知行高計	人数	知行高計
10,000石以上	1						1	
5,000 石以上	1		4				5	
2,000 石以上	4		2				6	
1,000 石以上	7	119,561石	—				7	163,935石
500 石以上	18		1	40,338石	1		20	
300 石以上	31		3		1	3,496石	35	
150 石以上	148		19		8		175	
100 石以上	146		41		9		196	
70 石以上	172	14,342	77	6,355	13	995	262	21,692
50 石以上	150	17,499	85	11,246	1	310	236	29,055
30 石以上	219		172		6		397	
25 石以上	93		64				157	
20 石以上	45		53				98	
15 石以上	49		77				126	
10 石以上	12		101				113	
10 石以下	24		123				147	
計	1,120		822		39		1,981	
扶持方	270		228		98		596	
家督局住	542		497				1,039	1,701人
蔵出その他	18		48				66	
足　軽	785		592				1,377	
歩　行	78						78	
小　人	268						268	2,348人
同　心	40						40	
その他	585						585	
計								6,030 人

前田『庄司文書』文化七年「目録」による。ただし江戸詰は『秋田沿革史大成』上所収・安政２年「藩士分限」による

(7)文化七年の詳細

江戸詰の人数が記録されているのが注目の的である（しかし、出典記事から安政二年時とあることから注意して利用しなければならない）。

城下給人数を前代の元文四年と比較すると七七人の増加である。各知行高区分で細かく見ると、次の表16のようになる。

一〇〇石以上の各区分で五八人減に対して七〇石以下の各区分で一三五人増となるから上・中級家臣層の減少の一方下級家臣層の大幅な増加が合計七七人の増加の内容であった。しかし、三〇石以下の区分の一一〇人増の原因は前に示したように元文四年区分での変更（一一～二九・九への）によるもので、文化七年時に何か政策的動きがあった訳ではない。

在方給人は前代から一七七人増となっている。その原因をさぐるため知行区分別に変化を見ると次の表17

表16　城下給人の元文４年時と文化７年時の比較

	1,000石以上	300石以上	100石以上	70石以上	30石以上	30石以下	合計人数
①元文４年	17人	69人	328人	145人	371人	113人	1,043人
②文化７年	13人	49人	294人	172人	369人	223人	1,120人
増加人数（①－②）	－4人	－20人	－34人	＋27人	－2人	＋110人	＋77人

表17　在方給人の元文４年時と文化７年時の比較

	1,000石以上	300石以上	100石以上	70石以上	30石以上	30石以下	合計人数
①元文４年	5人	6人	65人	94人	263人	212人	645人
②文化７年	6人	4人	60人	77人	257人	418人	822人
増加人数（①－②）	＋1人	－2人	－5人	－17人	－6人	＋206人	＋177人

ようになる。

増加の原因は前代と異なり「三〇石〜一〇石以下」までと区分の基準を下げたことにより、この区分で二〇六人増となったことがわかる。逆に見るとこの時期、三〇石以上のほとんどの区分で前代と比較して減少傾向にあったのが注目される。その原因は今の所明らかではない。

江戸詰給人は文化七年時の数値ではなく幕末の安政二年の記録からとあるので資料としては多少不正確であるが、江戸詰給人の詳細記録が少ない中で知行高区分を含め明らかとなっている点で貴重である。

知行給人は総勢で三九人、内一〇〇石以上が一九人と江戸詰給人の約半数が上・中級家臣で編成されている。また、三〇石以下の下級家臣は存在していないことから実務官僚である役方中心の家臣団構成であると言える。更に城下及び在方給人と異なり自らの知行地から離れ、国元からの送金によって生計を維持している暮し方から考慮するとある一定程度の禄を与えられている家臣が江戸詰の任務に就いていたことも考えられる。

⑻文政四年の詳細

文化七年時、足軽と小人二六八人で合計一六四五人であったが、文政四年時の区分によると足軽と小人合わせて一七〇〇人となっており総人数としてはあまり変動はない。

なお**小人**（こびと）は小者（こもの）と同じ意味で武家奉公人のひとつで、平時には雑役に

表 18　文政４年家臣団階層構成

分限内訳	人　　数
60 石以上知行取	841 人
60 石以下　〃	2,798 人
内　足軽小人	1,700 人
蔵米取	291 人
扶持米取	3,499 人
合　　計	7,429 人

大館	十二所	在々合計	在々久保田合　計
			1
1		4	5
		1	2
	1	1	2
			13
		1	14
	1	1	36
11	6	29	330
25	25	139	475
74	55	591	1,077
20	18		
131	106	767	1,955
43	18	287	640
248	193	※ 1,696	※ 3,237

従事し、戦争時には主人の身辺の警護にあたった。中間（ちゅうげん）より地位は低く、一年ごとの契約で雇用されていた。

知行取と足軽・小人及び蔵米取、扶持米取を合わせた総人数の七四二九人はこれまで確認されている武家関係の人数では最多である。

蔵米取とは知行高に該当する村付けがなく年貢米のみが藩の蔵から現米で支給される武士のこと。**扶持米取**は一人扶持の場合、米五合が一日分と定め三六〇日分、即ち年に一石八斗が現米で支給される者のことを言う。二人扶持の場合は年に三石六斗となる。

(9)嘉永元年の詳細

城下給人の内、知行取の合計人数は一一八八人、扶持米取が三五三人であるが、その内知行取人数は前代は一一二〇人であったから大きな変化は見られない。

在方給人の場合、知行取の合計が七六七人とあるが文化七年時は八二二人

表 19　嘉永元年家臣分限帳調

居住地／知行高	久保田	院内	湯沢	横手所預	同左組下	角館所預	同左組下	刈和野組下	角間川組下	桧山所預	同左組下
10,000石以上	1 人										
5,000　〃	1		1	1		1					
3,000　〃	1									1	
2,000　〃	1										
1,000　〃	13										
500 〜 900 〃	13	1									
400 〜 300 〃	35										
200 〜 100 〃	301	1	1	1	4	3	2				
50 〜 90　〃	336	8	24	14	14	11	7	3	1	2	5
10 〜 40　〃	486	4	48	87	47	35	24	16	45	5	26
10 以下		3	13		20	9	6	1	24		11
知行取計	1,188	17	87	103	85	59	39	20	70	8	42
扶持米取	353	7	102	19	25	22	11	6	1	8	25
合計（その他を含む）	1,541	77	189	278	182	137	58	97	75	18	144

『御国武鑑分限録』（秋田県立図書館蔵）による

であったから五五人の減少となる。知行区分別に見ると、一〇〇〇石以上は六人で変動はなく、三〇〇石以上は前代より二人の減、一〇〇石以上は二九人で前代より三一人の減、七〇石以下については集計区分の違いから比較は出来ないが一〇〇〜三〇〇石の範囲で三三人の減であるから中・下級家臣層での減少が全体の六〇％を占めているのがわかる。

なお、扶持米取人数が文政四年時、三四九九人であるのに対して嘉永時のそれは六四〇人となっており、それぞれの時期の集計の基準が大幅に異なっていることがわかる。

農民の人口

(1) 享保六年の詳細

知る限り領内の農民人口の総数が確認できる最初は享保六年（一七二一）である。六二九か村で三二万六六七三人。一村平均人口は五一九人となる。

表 20　秋田藩の農民人口の推移

和暦（西暦）	人　口	出　典
享保６年（1721）	326,673 人	『県史』近世通史上 P125
寛政10～（1789～ 12年頃　1800）	326,264 人	『久保田領郡邑記』
天保４年（1833）	369,481 人	『秋田市史』近世通史 P449

表 21　享保６年佐竹氏領地田畑町歩村人数調

（県庁文書『享保六年出羽国下野国領地田畑町歩村人数帳』）

	秋田郡	山本郡	川辺郡	仙北郡
田畑合計	7,075.5120（町 反）	2,154.6220（町 反）	1,541.7001（町 反）	6,557.5116（町 反）
田	3,856.9905	1,220.2202	1,216.1701	5,094.3013
畑	3,218.5215	934.4018	325.5300	1,463.2103
新田畑合計	4,935.8919	1,822.9700	725.7123	3,734.6028
田	2,985.1704	1,124,9222	584.4902	3,007.6014
畑	1,950.7215	698.0408	141.2221	337.2404
村　数	245 ヶ村	64 ヶ村	41 ヶ村	136 ヶ村
人　数	113,798 人	39,670 人	20,211 人	64,165 人
男	64,293	21,857	11,541	37,503
女	49,505	17,813	8,670	26,662

	平鹿郡	雄勝郡	合　計
田畑合計	3,106.0121（町 反）	3,106.0121（町 反）	23,851.8703（町 反）
田	2,753.6701	2,452.7202	16,594.0724
畑	352.3421	963.7713	7,257.7909
新田畑合計	3,219.8321	2,709.0429	17,148.0801
田	2,882.5918	2,004.8716	12,589.6616
畑	337.2404	704.1713	4,558.4115
村　数	72 ヶ村	71 ヶ村	629 ヶ村
人　数	42,940 人	45,889 人	326,673 人
男	25,415	27,292	187,911
女	17,515	18,597	138,762

『県史』近世通史上　P125 による

郡別に一村平均人口の状況を見ると、秋田郡が四六四・五人、山本郡が六一九・八人、川辺郡が四九二・九人、仙北郡が四七一・八人、平鹿郡が五九六・四人、雄勝郡が六四六・三人となっている。郡単位で見ると秋田郡が一一万三七九八人で最大人口の郡であった。

(2) 寛政十〜十二年の詳細

総人口は前代の享保六年とほぼ同程度である。人口が思うように増加していない要因は宝暦飢饉（一七五三〜五七）と、それに続く天明飢饉（一七八二〜八七）の二度にわたる災害によるものであった。郡毎に見ると雄勝郡では前代より五二八五人の減少。平鹿郡は逆に四八三二人の増。仙北郡は一万二〇一三人の増となり仙北筋三郡の合計では一万一五六〇人の増であった。一方、下筋三郡の内、河辺郡は八七四人の減、山本郡は逆に八五四六人の増で秋田郡は二〇ヶ村で人口未記載のため不正確な数値であるが一万九六四一人の減となり三郡合計で一万一九六九人の減であった。

表 22　寛政 10 〜 12 年の詳細

郡	人　口	人口未記載村
雄勝郡	40,604 人	
平鹿郡	47,772 人	6 か村
仙北郡	76,178 人	4
秋田郡	94,157 人	20
河辺郡	19,337 人	
山本郡	48,216 人	1
合　計	326,264 人	31 か村

『久保田領郡邑記』による

(3) 天保四年の詳細

総農民人口は三六万九四八一人となっており前回の寛政期より四万三二一七人の増加となっているが、これは気候が比較的安定していた状況が続いた文化・文政期（一八〇四〜四三）

の影響によるものと推定される。郡別に見ると雄勝郡は一二九九人の減少、平鹿郡は三九六六人の増、仙北郡は九五九九人の増となり上筋三郡合計で一万二二六六人の増となる。

表 23　天保４年の詳細

郡	人　口
雄勝郡	39,305 人
平鹿郡	51,738 人
仙北郡	85,777 人
秋田郡	120,061 人
河辺郡	24,724 人
山本郡	47,876 人
合　計	369,481 人

『秋田市史』近世通史　P449 による

参考　仙北郡今泉村の人口の推移

和暦（西暦）	人　口	出　典
延宝２年（1674）	212 人	小笠原家文書 560
天和２年（1682）	258 人	〃　574
正徳４年（1714）	207 人	〃　626
延享２年（1745）	236 人	〃　665
安永５年（1776）	159 人	〃　721
天明６年（1786）	168 人	〃　81
寛政９年（1797）	180 人	〃　732
文化８年（1811）	199 人	〃　82
安政２年（1855）	144 人	〃　86
〃　３年（1856）	148 人	〃　89
〃　６年（1859）	148 人	〃　96

参考　上表をグラフ化したもの

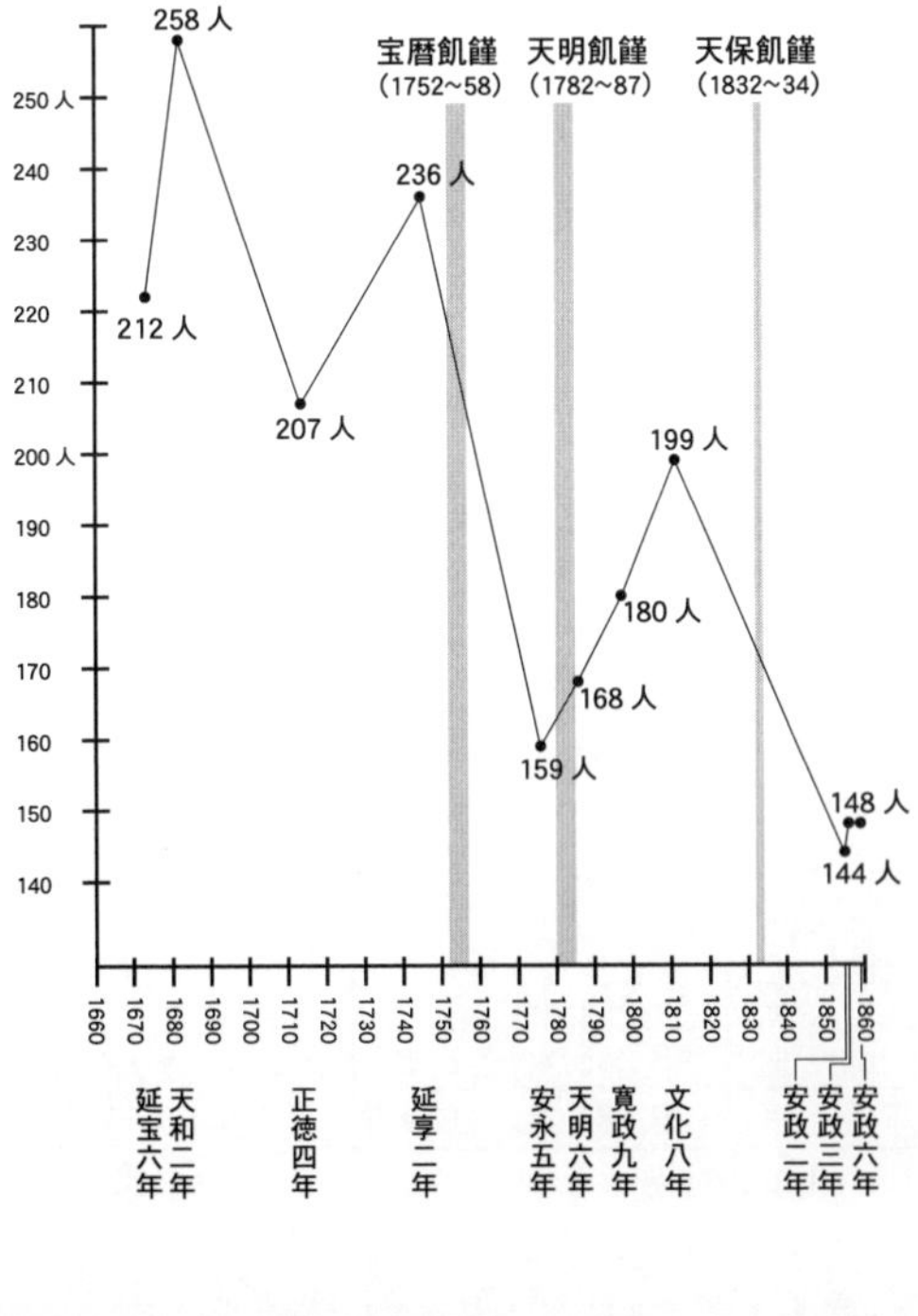

下筋三郡は秋田郡が二万五九〇四人の増、河辺郡が五三八七人の増の一方、山本郡が三四〇人の減で全体としては三万九五一人の増となり下筋三郡の人口増加が目立つ。全藩的に農民人口が増加傾向にある中で雄勝と山本の二郡の減少の要因は現在までのところ不明である。なお、この天保四年秋からの領内外で吹き荒れた未曾有の大災害〝巳年《みどし》のケカチ〟と言われた天保飢饉でどの程度の人口減少となったかを知る史料は個々の村の場合はある程度知り得るが全藩的には正確な記録がないのが現状である。なお、総人口として見ると天保四年時の四三万二八五〇人が嘉永二年時三三万五二一二人と九万七六三八人の減少となっていることから農民層の被害の大きさがある程度推定できる。

仙北郡今泉村での藩政期の人口の推移を参考としてほしい。

町民の人口

ここで示す町人とは、城下久保田の外町（とまち）と土崎湊に居住する町人を範囲としている。『秋田市史』によると藩政初期の久保田外町と湊の人口を詳細に知ることができる史料は今の所見られないとのことである。各種の史料からわかる限り人口の推移と男女別の数値を示すと表24のようになる。まず第一に気付くのは藩政初期の後半に当たる元禄五年（一六九二）の二万九〇九五人を最大人口として幕末の安政二年（一八五五）までのおよそ一六〇年余の間で両町は繁栄し、人口を増加させたのではなく、逆に一万一四五九人の減少の数値を示す様に都市の衰退を示している。

都市衰退の要因としてまず考えられるのが火災による都市商人の体力の低下がある。

久保田の外町で一〇〇軒以上焼失の火事を列記すると、表25のようになる（『秋田市史』近世通史編による）。二一八年間で二九回、即ち七年半に一回の被害に久保田外町町人は遭っていることになる。中でも一〇〇〇軒を超える大火は慶安三年、延宝二年、享保十五年、明和四年、同七年、天明三年、元治元年と七回ある。中には複数回罹災した町人が多数存在しただろうと想像される。現代と違い激甚災害指定や義捐金、ましてやボランティアの応援など全くないこの時代、家の再建や商売の復興のため多額の費用が必要となり火災前の状況に戻るにはかなりの歳月が費やされたと思われる。

加えて城下商人に対する藩の御用金、冥加金、運上金等の過大な要求は城下町人の経済活動を阻害す

表 24　久保田・湊の町人人口表

和暦（西暦）	人　口	内久保田町人	内土崎港町人	出　典
元禄５年（1692）	29,095 人	—	—	『秋田県史』通史近世上　P172
享保15年（1730）	20,833 人	15,262 人 内男 8,360 女 6,897	5,571 人 内男 2,985 女 2,586	『秋田県史』近世通史編　P540
延享４年（1747）	21,313 人	—	—	同上
天保５年（1834）	20,382 人	15,066 人	5,316 人	『秋田県史』近世通史編　P540
天保15年（1844）	16,387 人	11,450 人 内男 5,620 女 5,830	4,937 人 内男 2,349 女 2,588	『秋田沿革史大成』上　P838
安政２年（1855）	17,636 人 内男 8,702 女 8,934	—	—	『秋田県史』近世通史編　P541

るだけであった。これらの複合的マイナス要素が重なり城下での商売から離れる人々が多数存在した結果が久保田・湊の人口減少として現れたことになる。

時期的に見ると元禄五年から享保十五年までの三八年間に八二六二人の減少（約二八％の減少）と天保五年から同十五年までの一〇年間で三九九五人の減少（約二〇％の減少）と二つの

表 25　久保田外町での100軒以上焼失の火災記録

	和暦（西暦）	火　元	焼失件数
1	慶安３年（1650）	五丁目火元	2,000 軒焼失
2	延宝２年（1674）	四丁目火元	1,960 余軒〃
3	〃　（〃）	寺町火元	314　〃
4	元禄４年（1691）	三丁目火元	827　〃
5	正徳４年（1714）	三丁目火元	177　〃
6	享保15年（1730）	一丁目火元	1,017　〃
7	〃 17年（1732）	上亀ノ丁火元	178　〃
8	〃 19年（1734）	馬口労町火元	120　〃
9	元文２年（1737）	三丁目火元	313　〃
10	明和元年（1764）	茶町火元	273　〃
11	〃　4年（1767）	〃	1,900 余　〃
12	〃　6年（1769）	田中町火元	600　〃
13	〃　7年（1770）	通町火元	534　〃
14	〃　（〃）	五丁目火元	1,282　〃
15	天明２年（1782）	六丁目火元	100　〃
16	〃　（〃）	馬口労町	200　〃
17	〃　3年（1783）	四丁目火元	1,905　〃
18	〃　4年（1784）	亀ノ丁火元	200　〃
19	〃　7年（1787）	五丁目火元	329　〃
20	〃　8年（1788）	米町火元	329　〃
21	寛政元年（1789）	外町火元	214　〃
22	〃　5年（1793）	〃	160　〃
23	享和２年（1730）	上米町火元	170　〃
24	文政５年（1822）	五丁目火元	110　〃
25	〃　9年（1826）	川口火元	980　〃
26	天保14年（1843）	通町火元	280　〃
27	安政５年（1858）	下亀ノ丁	784　〃
28	元治元年（1864）	〃	1,070　〃
29	慶応４年（1868）	下米町	760　〃

落差帯のあることに気付く。その内、天保期の大減少は明らかに〝巳年のケカチ〟の中で食物を生産しない食料弱者でもある都市の消費生活者が被った被害によるものであったと考えられるが、元禄五年から享保十五年までの三八年間で久保田町人層に降りかかった人口増加を阻害する要因は何なのか今の所不明である。

なお、男・女別人数を見ると天保十五年と安政二年の二つの時期では男性より女性の方がわずかではあるが多いのが目を引く。

関所《せきしょ》と番所《ばんしょ》 〔旅〕

旅の中で最も神経を使う場所が**関所**であったが、正式には幕府が許可した以外の所に勝手に諸藩が設置するのは許されていなかった。そのため秋田藩では日頃〝関所〟と呼称していたものを寛政年間に幕府を意識して関所と呼ぶのをやめている。出羽国には関所は一か所もなく、越後国では重き関所として

表1　宝暦９年頃の秋田藩の番所一覧

藩　境	地　点	担　当　者	人数
津軽境	岩　館	桧山 多賀谷氏、松野氏	4人
〃	長　走	小場氏（佐竹西家）	4人
南部境	新　沢	〃	4人
〃	十二所	茂木氏	4人
〃	生保内	佐竹北家	3人
〃	善知鳥	〃	4人
〃	小松川	戸村氏、向氏	4人
仙台境	手倉川原	佐竹南家	4人
〃	小　安	〃	4人
〃	湯野台	〃	4人
最上境	院　内	大山氏	6人
矢島境	堀　廻	戸村氏、向氏	4人
〃	大　沢	角間川 梅津氏	4人
亀田境	刈和野	刈和野 渋江氏	4人
〃	川　口	久保田町奉行か？	2人

市振、関川、鉢崎の三関があり、そのほか軽き関所として山口、虫川の二か所があったと延享二年（一七四五）の関所一覧にある（『国史大辞典』）。

一方、**番所**は諸藩が物資の移出入や人の往来を取締るため口留《くちどめ》番所と称して設けたが、特に藩境に置かれたものを境目番所と呼ぶこともあった。秋田藩内の番所は表のとおり一五地点であった（『横手市史』近世通史編から）。

背《せ》黒《ぐろ》〔生活・その他〕

『渋江和光日記』（全十二巻・秋田県公文書館発行）は秋田藩の武士社会で当時使っていた日常会話的表現や方言が数多く見られ、しばしば意味不明部分があり困惑させられることが多い。背黒をくわしく調べようと思った発端は文政十一年（一八二八）八月二十七日の条にある。

1　下淀川村旅行記事の〝背黒〟

一中淀川村与兵衛より酒嵐山五升・背黒五本・くぎ三ツ・根花餅百斗呉申候、背二ツ（ママ）今晩之料理残りハ焼候而土産之筈ニ申付候根花餅も開、酒も開申候、この日は和光が家族や親類、家中の供人を含め、一行三五〜三六人で下淀川村の八幡神社に参詣するため三泊四日の旅に出た二日目であった。前にある資料について少しくどいが、人名や事項についてこれまでに判ったことを示すと次のようになる。

中淀川村与兵衛……中淀川村の肝煎で一行の第一日目、二日目の宿となった下淀川村肝煎助左衛門宅に一日目の二十六日に訪れ、機嫌伺いの後、是非自分の村にも立ち寄ってほしいと願い出た人物。

酒嵐山……酒の銘柄で嵐山（らんざん）と読むようである。当初、どこで作られたものか見当が付かなかったが『秋田市史』第三巻近世通史編の三七四頁の久保田・湊の酒造業者から、文政八年に藩主義厚が新屋を視察した折に献上された地酒が〝嵐山〟と紹介されている。このことから、新屋の地酒嵐山は良質の酒として領内で広く愛飲されていたことがわかる（『雄物川町史』の本町酒造業の始まりと発展に酒名を記した旧薄井村彦四郎家の酒看板二枚の中の一枚に嵐山の名が見られる）。

くぎ………『原色日本淡水魚類図鑑』（保育社）によると〝くぎ〟はクキのことでウグイであることがわかった。

根花餅……ワラビの根の澱粉から作った餅で、飢饉時の食料になるほか、日常的にも良く食

　　　され下淀川地域では名産のひとつともなっている。

背黒……魚類と推定されたが、当初、どのような魚なのか調べる手だてが見つからず謎の魚であった。

この様な中で平成十八年九月二日、歴研協（秋田県歴史研究者・研究団体協議会）の会で「渋江和光、下淀川村に家族旅行」と題して報告する機会があった。勿論〝背黒〟は目下のところ、どのような魚か不明と説明した。誠にありがたいことに参加されていた方々から数多くのヒントをいただいたことがきっかけとなり〝背黒〟の解明に取り組むことにした。

報告後、私に寄せられた情報をそれぞれ紹介する前に、問題の〝背黒〟が『渋江和光日記』（以後『日記』と表現する）全十二巻の中でどの程度載っているかや『日記』中の贈答用の魚をはじめ記載されている魚名を抽出して見ると次のようになる。

2 『日記』の中の〝背黒〟記事、および魚類名について

背黒関係の記事（文中の傍線は筆者が加えたもの）

① 文化十五年（一八一八）三月八日の条（第二巻）

……尚明月ニ相成候得は、先方ニ而迷惑ニ有之候間、良介へ内々心得ニ而申談候、昨日参候事ニ可致申含候、肴は、侍分ハ大平目壱枚・しんしょ弐本、歩行以下石かれい弐枚・背

黒三本之由也。

（小場勘解由家が火災で焼失した折、渋江家が総力を挙げて消火活動に従事したことを勘解由家中の大沢良介が次のようにしたいと伝えてきた。今回の件で迷惑をかけたことへの御礼として酒・肴を送りたい。その贈りものの中に〝背黒〟が三本あった）

②

文政三年（一八二〇）二月二十九日の条（第三巻）

一荒川宗十郎より黒から一赤あら二かれい二　茂木志津摩殿より肴せくろ二ツ　今日之祝儀ニ付呉申候、

（長男敬太郎の髪置式、長女お姿の紐解がこの日挙行された。荒川宗十郎は渋江の一族にあたる人物。茂木志津摩は十二所所預茂木筑後守知量の二子の系統の人物で文政四年当時二〇〇石、宿老席）

③

文政六年三月三日の条（第四巻）

一中山政吉方へ例之通酒二升　肴鮒三背黒二本　使者を以て遣申候

（学問の師である中山氏に和光が例年の通り品物を贈ったものの中に背黒が含まれている）

④

文政六年三月五日の条（第四巻）

一真壁かゝさまへ使者ニ而、雛之菓子一重・みそれ・白酒へ肴　添候而、使者を以指上申候

（ヒナ祭の祝として和光の実母真壁のかか様に贈った肴の記事である）

⑤

文政十二年三月十九日の条（第七巻）

一戸祭礼吉・斉藤四方助、今日釣ニ参手柄之由ニ而、背黒壱本呉申候、目より尾際迄八寸有之候

（和光家中の二人が下屋敷のある川口から土崎湊までの範囲の雄物川に釣りに出かけて目から尾までの長さが八寸＝二四センチメートル余りの背黒を釣り上げたので主人の和光に献上した記事）

⑥ 文政十二年四月五日の条（第七巻）

一山方州五郎殿より手紙ニ而、到来之由ニ而肴かれい二ツ黒から三ツ背黒二ツ給候、手紙ニ而礼申遣候、右は何之ために候や、三八之会へ被参候ためにも可有之や申受指置申候

（山方州五郎から手紙が来て、もらいものであるがとしてカレイと黒からと背黒を贈られた。これは何のための贈りものなのか不明だが、三八会に参加したいためのものかも知れない）

⑦ 文政十二年四月十五日の条（前同書）

一荒川宗十郎、今日釣ニ参手柄之由ニ而、背黒頭より尾迄壱尺四寸位余壱本呉申候、酒飲仕舞之頃ニ候得共、其内少々ひたしニ而給申候、三本釣申候由也

一族の荒川宗十郎が今日釣に行き、釣った背黒、頭から尾の先まで一尺四寸、約四二センチ余りの大型のものを一本持って来た。和光のいつもの酒呑が終る頃であったが至急食べ

るため醤油に少し浸し口にした。宗十郎は背黒を今日三本釣ったとの事）

⑧　文政十二年九月廿一日の条（前同書）

一戸祭礼吉、今日湊古ル井戸へ釣ニ参候而手柄之由ニ而、余程の背黒壱本・相応之鷹之羽壱枚呉申候、我等ハ今以精進故、明朝也明夕也世伜へ為給候様申付候

（家中の戸祭が土崎湊の古井戸に釣に出かけ背黒を一匹釣ったので、鳥の羽根と共に持って来た。和光は精進中であったから子供達に与えるように指示した）

以上、八件が『日記』中の背黒関係記事である。記事から明らかなとおり背黒は贈答用の魚に属しており、目出度く、また貴重な魚で、数え方は〃本〃と表現する事が多いようだ。なお、文政三年一年間の「日記」の中から贈答用として扱われている魚は次のように十九種であった。

あら（十一回）　平目（七回）　鯛（四回）　小鯛（四回）　黒カラ（三回）　甘鯛（二回）

タラ（二回）　ブリ　イカ　保太　金頭　マス　シンジョ　カレイ　みこい　鰰　中鯛

フナ　ボラ

この年は見られなかったが背黒も贈答用に入るから、およそ二〇種程になるだろう。これらの魚の中で、アラ、平目、黒カラ、カレイ、タラなどの底もので白身の魚と縁起ものの代表格の鯛が特に贈答用として尊重されていたことが利用頻度からわかる。

次に『日記』に出ているその他の魚類名を示すと次のようである。

せいご　すずき　さより　かど　さば　どちょう　川はぜ　はぜ　どこきす　かちか　咽黒

以上の様に数多くの魚が食材として利用されていたが、その大半は今でも同じ呼び名で多くの人に食されている。しかし、問題の背黒だけは即座にどんな魚か正式の名前を言い当てる人は少ない。

3　各方面からの情報と私なりの疑問

（一）カタクチイワシ説

報告以前の段階で既に〝背黒〟のことがわからなかったため、『日記』の校正に携った方々に尋ねたことがあった。その折、確かな根拠は示されなかったがカタクチイワシではないかとの情報を得ていた。しかし、その時点で下淀川の位置から考えると海の魚が和光に献上されたことに少し不自然さを感じた。その理由はアユが当日大量に獲れ満足する程種々のアユ料理を堪能していた和光にどんなに考えても、それ程新鮮ではない青魚のイワシを献上するだろうかと思ったからである。さらに、カタクチイワシがどれ程の大きさか不明だが、それらを「本」

扱いで数えるだろうかと思った。かなり懐疑的ではあったが〝背黒〟はカタクチイワシになるのかと思っていた頃、歴研協の報告後ほどなくして会員のひとりから「全国方言辞典」（東京堂出版）に、「せぐろ　ひしこ。片口鰯。下総及び常陸（常陸方言）。和歌山」とあるとの情報をいただいた。ここでカタクチイワシ説の根拠が明らかにされたことになる。この出典の中で大きなポイントは「常陸の方言」の文字であった。佐竹の出身地で使用されていた言葉とすれば、これは重大な根拠になると思えた。しかも、その後「広辞苑」にもせぐろ＝カタクチイワシとあるとの情報（無明舎出版から）を得た。そのため「秋田藩と武士社会」の中で私は〝背黒〟の解説をかなり心配ではあったが「下総及び常陸地方の方言でカタクチイワシのこと」とし、出典を前述した『全国方言辞典』とした。平成十八年九月時点でのことである。

それでも半信半疑であった私に強烈なショックを与えたのが男鹿の水族館「GAO《ガオ》」で見たガラスケースの中で一定の方向に頭を向けて集団で泳いでいるカタクチイワシの姿であった。あまりにも小さい。あの魚を「本」扱いで数えるには無理がある。カタクチイワシではないと感じた。急いで『日記』を総点検したところ和光の家来が雄物川河口部で釣った〝背黒〟は、目から尾まで二四センチメートルであった事実を知り、カタクチイワシではない別の魚であると確信するに至った。

（二）花鯎（ハナウグイ）説

イワシではないと確信していた頃、真澄の研究家田口昌樹氏からコピー付きで『雪の出羽路』と『月の出羽路』に〝背黒〟が出ているとの情報をもらった。

沼館ノ名産（『雪の出羽路』）

○西河の鮭、内川の雑魚といへり。西川は御膳川をいふ。此川いづこにも鮭あれど、此沼館のわたりは多く黄金地にしていとよく白銀色、また鈍色、なもみはだはまれ也。内川は焼石川也、此川のくき、せぐろはこと河の雑魚にいやまさりて佳品なりといへり。

神宮寺（『月の出羽路』）

土産は

○花鯎を背黒、また瀬岸てふ名に負せいとよけく、秋は紅葉鮭の黄金魚鱗をよしといへり。

真澄の表現によると、背黒は花鯎（ハナウグイ）と仙北筋の雄物川水系で呼ばれている川魚のようである。川魚のウグイの一種で「花」と付くことから側腹部が赤色と想像はつくが現在、一般的な言い方で「花鯎」とされるものはない様に思える。予想としてウグイの一種で大型で上品な魚の事だろうと思えるが正式の呼び名が特定できない欠点がこのままではある。

さらに疑問として残るのがウグイは小骨が多く、川魚特有の臭味もあり、アユと比較するといくら大型とは言え味では劣るのではないかとの点である。

(三)『門屋養安日記』の中での〝背黒〟記事

歴研協の会に出席されていた茶谷十六民族芸術研究所所長（当時）から私の報告後の質疑の中で『門屋養安日記』に客人の接待時上等な魚として〝背黒〟が使われていたとの情報が寄せ

られた。

後日、同氏から以下のように『門屋養安日記』の中の〝背黒〟記事九件が伝えられた。

天保九年
十二月廿八日　一、御仕送の中鮒十五枚・背黒弐本拝借。

天保十三年
三月廿二日　一、小貫様より、御衣装仕立直し差上候為御礼、酒弐升・背黒弐本・鱒の切身被仰付候。

天保十三年
四月五日　一、炭方衆金蔵殿・嘉吉郎殿・久之丞殿・西村順吉より、今日天気合も能候間、障も無之候ハヽ、一盃呑ニ参度よし、書面参候間、御出可被成申遣候処、酒五升斗、背黒五本持参罷越申候。夜ニ入罷帰候。

嘉永三年
十二月廿二日　一、花立より定吉、蝋燭持参罷越申候。背黒・鮑・焼さこ土産ニ持参いたし呉候。

安政二年
三月十三日　一、花立産神伊豆山大権現様江参詣、誠ニ景所ニ有之候。下向川端ニ而、背黒の料理ニて相楽申候。夫より伊三郎殿より御使、罷越申候。

安政二年
四月朔日　一、山吹の花、少し早く有之候へ共、菊地様ニ日ニ東福寺金山御出の由、夫より直々御帰、又無間久保田江御帰府、今日花見御使申上候。御出被成下候。

菊地様・白土様・村木公・山口申訳・杉田申訳・平車申訳・田口・湊・大久保申訳・桜田。

御吸物　鯉ニ生椎茸　塩鮭の薄塩　めしか竹　めさんしよう

塩焼椎茸　さめしか

御口取七色　背黒さしミ　丸干いか

うと　またゝひ

五もくすし　跡取合　御夜食御茶漬

手伝、梅之助内義・麻之助女房・春松母斗。

菊地様より御酒被下候。

一、菊地様・白土様・大貫様・酒弐升杉原鎌次殿・田口為三郎殿・杉田久吉殿・平野藤三郎殿・工藤永太殿・備前四郎左衛門殿・朽木庫三郎・高久善哉殿。

右十壱人・大久保申訳・菊地様より酒壱斗・金百疋被下候。

御吸物二通　みそ下地

鱒・大豆もやし・めゝか竹

安政四年

五月九日

半弁・椎茸・わさひ
口取七品　へつかう・巻かまほこ・皮巻・なし
かすてら・しら茸煮付・みそ押竹の子。
砂鉢　葛廻し
ふかし鱒・松茸・うこき
同　酢みそ　　同　からしみそ
背黒さしみ　　丸いか
ちんうと　　　またゝび
太平　粉のり
竹の子
焼物　山へてんかく
新にしんてんかく
丼　みつ三盃酢・さめしか
しとけひたし・鰤
みつ漬
御酌取、武右衛門内本庄鍋壱人・梅之前内義・八蔵内義・おかね相頼候。

安政四年
十月四日

給仕人、政之前・源前・兵太。手伝、惣八内義・寅吉夫婦。
一、久保田金蔵、細持参、辰五郎江参候由、細五つ・背黒壱本、土産ニ貫候。

安政五年
四月九日

一、山吹も盛ニ相成候間、昨日為三郎殿江、明日御酒差上度候間、御役所江御内々被仰上置被下候処、御出被下候由、被上用の御酒七升壱樽・金百疋被下候。
吉田様・大貫様。御相伴、○山口市蔵殿・田口為三郎殿・○杉田久吉殿・平野東三郎殿・○朽本金次殿・○工藤永太・○村木恭助殿・湊藤吉・○渡部義八殿・○河口永吉殿・佐藤介八殿・○大久保・備前四郎左衛門殿。

丸印、預御申訳候。

献立
一、御口取九色　へつかう　巻かまほこ　かすてら　煮付いりこ
同串貝　赤蟹
竹の子みそ押　煮付しゝ茸　煮付丸いか
砂鉢　鱒の焼物　大平　むし玉子
うこき　せん竹の子

椎茸
山鳥

砂鉢　酢みそ
背黒さしみ
うと
同　同五もく酢子
大平　竹の子
焼さこ
砂鉢　さしみ　砂鉢　煮付
丸生いか　あかへ
またたひ
松も
丼三つ　朝漬わさひ
ひたし
みつ漬
御吸物三通　鱒

わかひ
めしか竹
黒から
じゅんさい
めさんしよう
平目半弁
椎茸
わさひ

九件の記事からわかることは、

①「本」と表現　②さしみとして料理されている　③季節的には早春の三月から五月上旬と晩秋に入る十月初旬から十二月末にかけてのいわゆる寒い時期で、夏の季節に食材としては登場していないことである。

（四）東京、千秋文庫所蔵、文政十三年『御参勤御道中日記』（伊沢慶治氏翻刻出版）の中の〝背黒〟記事

（四月二十四日）　六郷本陣にて

一角間川給人より背黒并くぎ半きり入ニて献上致候ニ付被下金左之通
（以下略）

十代藩主の佐竹義厚が参勤の途中、領内仙北郡六郷の本陣に宿泊した際、梅津組下の角間川給人から雄物川から獲れた川魚の〝背黒〟とウグイを献上したことを示している。この事実から藩主に献上できる程めずらしく、また上品な魚であったと考えても良いだろう。

以上、四種類の情報から〝背黒〟について推定できることは、

① 全長三〇センチは超える川魚で、個体数の表現は「本」
② 早春と晩秋から冬にかけて食材となっている
③ 川魚でありながらサシミで食されることから特有のドロ臭さが強くない魚
④ 雄物川・子吉川（『門屋養安日記』の記事から矢島越えで院内に入ったと推定されることから）米代川など大河川の河口部から中流域（真澄記事の神宮寺、沼館の花鯎から）で獲れる魚

以上、四点を考える際の条件として、私が現在接している明徳館高等学校の科目履修講座・専門郷土史の人々（代表佐々木幹夫氏をはじめ二八名の方々）と事あるごとに〝背黒〟を話題として検討を重ねて来た結果、メンバーの熱心な調査活動により結論として次のように考えるにいたった。

4 結論 〝背黒〟はマルタウグイである

出典1『秋田の淡水魚』（杉山秀樹著・秋田魁新報社発行）

マルタ　地方名　セグロ　ヒヤレ

・太平洋側　北海道から相模湾

日本海側　富山湾以北に分布

・ウグイに比べ鱗が細かく多い。本県では五〜六月に産卵のため海から大きい河川に入り遡上し、秋から翌春にかけて稚魚が海に下り、海岸部で成長。三五〜五〇センチの大型魚。

出典2『原色日本淡水魚類図鑑』（保育社発行）

マルタウグイ（地方名）ジャッコ、オオガイ、セグロ、マルタ

分布　相模湾と富山湾以北の本州と北海道に分布。一般的には、汽水域と海岸に生息し、産卵期には川の中流域に遡上する。

成長　最小成熟個体は三三センチ程度で五〇センチを超えるものも稀ではない。

利用　産卵期のものは、かなり食える。

出典3『広辞苑』

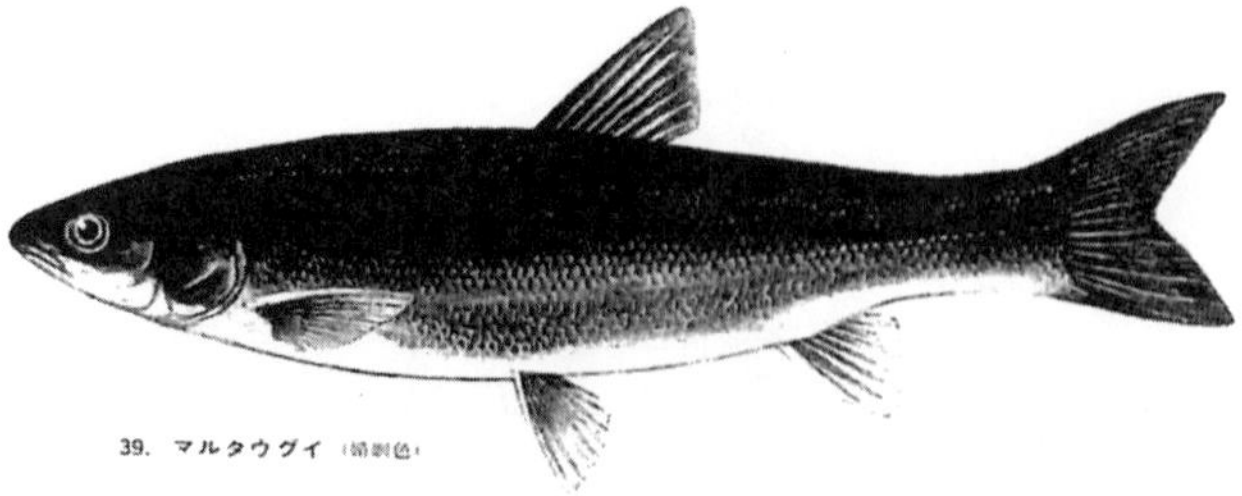

マルタウグイ『原色日本淡水魚図鑑』（保育社）より

丸太（まるた）

コイ科の硬骨魚。ウグイに似るが大形で全長六〇センチに達する。北日本の沿岸や河口に分布し、春、川で産卵、幼魚は淡水域で生活。マルタウグイセグロ。

以上、三点の出典から明らかなように、マルタは海と川を往復する魚で、産卵のため大きな河川を遡上する春の季節は美味な魚のようで、地方名がセグロとある。前述したように、〝背黒〟が利用される季節に春とあることから『日記』の記述とほぼ一致している。さらに、釣人や魚を扱う商店や調理師の方々からは夏は魚体に寄生虫が付くため食材として用いることはないとの情報も得た。県内では大河川の米代川、雄物川、そして子吉川の河口部で釣人の対象魚になっており、マニアの人々のホーム・ページに釣りの仕懸やヒットした時の様子がくわしく紹介されている。産卵期には河川の中流域まで遡上するとの解説があるが、真澄が記録しているように雄物川水系では沼館や神宮寺など、まさに中流域の土産品となるなど生態が一致している。五〇センチを超えることも稀ではない大型魚で産卵期には特別にサシミとして食される程美味で貴重な魚であったから『日記』に見られるとおり、贈答用の魚になっていたのだろう。

中淀川村肝煎与兵衛は自分の村には訪れることがなくとも、藩の重臣渋江氏に顔つなぎの意味を含め、アユ以外の川魚で名の通った高級魚の〝背黒〟を新屋の地酒嵐山とともに持参したのだろうと彼の胸の内を察することができる。

〝背黒〟がどんな魚なのか。その疑問が解決されるまで多方面の方達からありかたい情報を数多くいただいたことで、〝背黒〟はマルタウグイであろうとの結論に達することができた。ひとりで「わからない」と悩んでいることをせず「これがわからない」と表現したことで多数の人々の知識を借り、疑問が解決されたことに感謝したい。

膳《ぜん》番《ばん》〔武家分野（組織）〕

藩主や重臣の側近者が務めていた役職名。本来の読み方と意味は膳番（かしわばん）と読み、律令制度の時代に天皇の食事や朝廷の宴会の調理を担当した人々のことであった。膳夫（かしわで）は宮廷で食事の調理に従事した近侍者を示す。このことから、武家社会では主君に近侍する側近者に膳番と名付けた役職を与えて権力機構を運営する主要メンバーに含めたようである。

秋田藩延宝四年（一六七六）役方表（『秋田市史』通史編、近世）等によると、定員三人で配下に料理人、茶屋之者、塗師、鉄砲磨などの人々がいた。三代藩主に義処《よしずみ》が決まり寛文十二年（一六七二）十一月、穴門脇（現千秋城下町）に評定所が新設されて家老、郡奉行、寺社奉行、勘定奉行、町奉行、裏判奉行、御膳番を主要メンバーとする合議体制が整えられたとある。膳番の役目は『県史』によると、御用人、御刀番とともに初期にはいずれも門閥の者が就く職名で、藩主身辺にいる諸役人の監察、統率、城内での日常の指揮取締りを行っていたようである。文政四年（一八二一）時の膳番と知行高は次のようである。

長瀬平右衛門（二二五石七五六）、大和主鈴（三四六石二六二）、渡辺五右衛門（二二二石六三一）、福地慶右衛門（一八五石四四二）、山形茂左衛門（二九九石八七九）。以上の五名でともに知行高の高い者達であった。このような藩の職制を重臣達は自からの家の運営に同様の名称を用いていた。『渋江和光日記』の中に出て来る渋江家の家政機関の役職名に次のようなものがある。

家老（定員二人、後三人）、吟味役（二人）、膳番（三人）、作事方、小姓、側小姓等。文政

六年五月二十九日の条にこれまで家老の次席であった吟味役は近年家老が財用（財政）も取扱うので吟味役の役目が軽くなったから膳番を家老の次席とし吟味役は膳番の下とするとある。

た行

代《だい》知《ち》と上《あが》り地《ち》

〔武家分野（知行制度と財政）〕

藩が家臣に御判紙を通して与えた知行高の一部が種々の理由で減少した場合、藩はその全額または一部を代わりの土地（または高と言ってもよい）を支給して補償した制度を**代知**《だいち》と言う。代知として給人に新たに与えられた土地（高）は文書上の表現で「**上り地（知）**」と呼ばれた蔵分に該当する土地（高）であった。これまで、この「代知」と「上り地」について十分な研究が行われてこなかったため種々の解釈で通用させて来たように思える。

『秋田県史』をはじめ最近刊行された『秋田市史』・『横手市史』（資料編）においても明確な説明が示されていない。これまでこの件、特に「上り地」を説明した町村史は次の二町村史である。『十文字町史』では少なくとも二か所に説明があり、三六〇頁では「上り地は借り上高又は召上高」としており、三七七頁では「もと給人の知行地であったものを藩で借り上げたもので、物成は藩に収められる」とある。この二か所の説明から藩の借知制度による知行借上げ地が「上り地」であるとしていることになる。次に『大雄村史』二六二頁では、上り知蔵分とは「つまり藩に完全にすい上げられた高」と表現している。用語の定義としてはかなり曖昧な言い方だが、前者の考え方より、かなり真実味がある表現と思われる。以上二つの町村史の説明に疑問を持ち私なりに「上り地」について検討した結果、今現在以下のように考えられる。

詳しい説明は他に譲るとして知行借上（給人からの表現では指上高）の対象として半知または四六（知行高の六〇%を指上高とするもの）の割合で指上げる高は、その年の指上対象地からの年貢を藩に指上げるものであって、その知行地の知行権は依然として給人が保有しているものであったと考えられる。また、給人が指上地の対象として選んだ村及び高は給人の都合で毎年変化するものであったことは『県史・近世下』六一頁にある益子氏の例で明らかである。中安家文書（秋田市立佐竹史料館蔵）の中で中安主典が文政八年（一八二五）五〇石の加増を受けたおり、与えられた四か村すべてが左にある貝沢村のように「上り地」であった。

一、当高　拾五石（朱印）　雄勝郡貝沢村上り地

それから五年後の文政十三年（一八三〇）の御判紙の中に五年前加増された四か村が含まれているが、これらの村の部分には

百石　　六ツ成　　中安主典
内　拾五石　雄勝郡　貝沢村之内

のように「上り地」の記載はない。以上のことから「上り地」が仮に指上地だとすればその土地の知行権を持つ給人の権限を否定して藩の役所である御金蔵が他の給人にその指上地を知行地として宛行うことになる。この様なことはあり得ないと考えられる。しかも指上地は給人の都合で対象の村も高も変化しているのだから。

それでは、「上り地」と称される高または土地はどのような経緯で登場したのか、これまでの調査から明らかになったのは次の四つのケースである。

①養子相続による減知高が「上り地」

養子相続の場合、秋田藩では知行高の三分の一または四分の一が減ぜられ「召上地」とされていたが、この「召上地」が「上り地」とされていた。

②改易者の知行地を藩が没収し、「上り地」とする。

この件を実証するものとして銀札事件で失脚した家老大越甚右衛門の延享二年(一七四五)御判紙中に仙北郡野田村一四八石九七七がある(この村の寛政六年〈一七九四〉当高は一五五石二六五)。一方、銀札事件で功績大であったため五〇〇石の加増を宝暦八年(一七五八)七月に受けた佐竹河内の加増御朱印(角館藤原勉氏蔵)の中に野田村上り地一二〇石が記されている。このことから事件前大越の知行地であった野田村は大越の改易により藩に没収されて「上り地」となり御代官草刈十右衛門扱いの蔵分となった後に銀札事件の功労者佐竹河内へ加増分として配分されたことになる。同じく改易となった家老山方内匠の知行地龍毛村も佐竹河内へ「上り地」として支給されている。

③藩による知行村の組み替えで「上り地」となる。

天和二年（一六八二）当時、上北手大山田村の全村高七八石余りを知行地としていた酒出金太夫（天和二年時、知行三五〇石）は正徳五年（一七一五）全村高の七四石余がすべて「上り地」とされた。藩による知行村の組み替え作業の中で大山田村は給分村から全村蔵分の村に変更されたことになる。その後、享保元年（一七一六）六人の給人に細分化されて再度給分村へもどっている。

④忠進開きで成立した新田高の内辛労免以外の高が蔵分となり「上り地」とされた。

写真１　寛政６年　山縣林蔵宛の「覚」の中の御朱印部分と「上り地」の表記

『若美町史資料』にある角間崎村文化十一年（一八一四）の史料（四二八頁）によると開発高の八割が開発者に辛労免として渡され、残りの二割が「上り御蔵分」として藩の収入となる蔵分となっている。

以上、「上り地」となった原因はこれまで四点余り確認できる。

なお、代知の書状には秋田藩では珍しく石高を書いた部分のすぐ右に御金蔵の役所と思われる朱印が押されている。他の史料から当時、給人たちはこの御金蔵からの書状を「御朱印」と称し、「御判紙」と区別していた。

代知《だいち》の原因《げんいん》

〔武家分野（知行制度と財政）〕

「藩が家臣に御判紙（77頁参照）を通して与えた知行高の一部が種々の理由で減少した場合、藩はその全額またはその一部を代わりの土地（または高と言ってもよい）を支給して補償した制度を代知と言う」と。前項では代知として新たに与えられた土地（高）が文書上の表現で「上り地（知）」と呼ばれていたから「上り地（知）」とはどんな土地かを中心に現在まで知り得た情報として紹介したが、ここでは代知が発生する理由、原因について給人側から見た以下の史料を基本的材料として紹介したい。

県公文書館の東山文庫にある須田美濃（内記　文政四年〈一八二一〉知行高二〇九七石余）関係代知覚一〇三件をはじめ城下給人中安家四件、山県家六件、小貫家一〇件、黒沢家一一件、

表1　代知の理由

	中安家	山縣家	小貫家	黒沢家	長瀬家	三森家	川尻家	須田家	小野岡家	佐竹河内家	臼井家	計
平均御竿	1	1	2	4	3			8			3	22（11.4%）
悪所引替	1			1	3	1	1	6		1		14（7.3%）
御用地	1	1		6	1			28			5	42（21.8%）
起返高引替								2				2（1.0%）
土木工事	1	4	8		19	1		57	3		17	110（57.0%）
除地								1				1（0.5%）
引上								1				1（0.5%）
肝煎屋敷ニ成											1	1（0.5%）
計	4件	6	10	11	26	2	1	103	3	1	26	193件

長瀬家二六件、三森家二件、川尻家一件、小野岡家三件、角館佐竹河内（享保四年〈一七一九〉四四九九石余）一件の以上一一家一九三件を分析した結果、代知の理由として

①平均御竿による打減りへの補償
②「悪所引替」として
③「御用地につき」として
④「起返高引替」により
⑤「堰下」「道下」などの土木工事により
⑥「除地」により
⑦「引上」により

以上七項目の理由が確認された。上の表1は一一家一九三件を理由別に示したもの。代知発生理由のほぼ半分が土木工事に伴う既存耕地の喪失を補償するためであった。以下、各項目ごとに内容を検討すると次のようになる。

①「平均御竿」による打減りへの補償

村からの要望に応じて藩が行ったいわゆる「打直検地」（秋田藩では平均御竿と言っている）の結果、村高が減少した場合その村に知行地を持つ給人にある一定割合で代知を藩が補償する制度。具体的に例を示すと、須田内記の知行地六郷東根村で平均御竿が嘉永三年（一八五〇）に実施された結果「打減高御割合代知上淀川村上り地之内」とある（AH317-61-11）。

六郷東根村の村高は享保十四年（一七二九）一七八二石七九二、寛政六年（一七九四）一六五八石五八二、打直検地実施の嘉永三年（一八五〇）一三一三石三四六と打直検地による減少（＝**打減**）が寛政期より三四五石余りと大きなものとなった。

その結果、同村に知行地を持つ須田内記に一定の打減率の「御割合」で算出された一石一五一が上淀川村に代知として与えられたことを示している。「御割合」がどの程度なのか

同十一丙午年五月十六日 秦純所持田崎治左衛門秀満御勘定奉行勤中日記

一今日於御評定所被　仰渡候廻状ニ而御書付真崎民弥奉ニ而相達申候

覚

諸士知行之内本田高百石ニ付弐拾石之荒地有之候得は只今迄無残代地被下之并打直竿之上減高次第ニ是又代地被下候所ニ御蔵入莫太及減少候間向後左之通被定置候

一高弐千石以上高拾石ニ付壱石可被下候
一同千石以上右同弐石可被下候
一同五百石以上右同弐石五斗可被下候
一同百五拾石以上右同三石五斗可被下候
一同七拾石以上右同五石可被下候
一同三拾石以上右同七石可被下候
一同三拾石以下右同減高次第可被下候

図1　代知率について（『国典類抄』享保11年5月16日の条）

については『国典類抄』雑部一にある享保十一年（一七二六）五月十六日の条に詳しく、その割合が示されている。当初、藩は本田高の二〇％に荒地のある給人に対しては以前から実施している借知政策を維持する立場から減少分の補償も行っていた。しかし、資料（図1）の「覚」にあるとおり減少分を満額蔵分から補償することは「御蔵入莫太及減少」とあるように、蔵分の大幅な減少を招くとして次のように変更している。

二〇〇〇石以上の者は荒地による減少の一〇％を補償。以下、一〇〇〇石以上は二〇％。五〇〇石以上は二五％、一五〇石以上は三五％、三〇石以下は全額補償であったことがわかる。

②悪所引替につき（全額補償）

これまで知行地としていた耕地が何らかの理由により全く年貢収入が見込めない状況になった折「右悪所ニ付」、「悪所引替代知」などの文面で代知が与えられている。代知の割合は悪所となった当高の全額補償であったことが黒沢、川尻、長瀬などの各家の史料から明らかになっている。

③「御用地」につき

これを理由とする代知は調査件数の内四二件で全体の二一・八％余りと代知の理由の中で第二位になっている。文政七年（一八二四）須田内記宛の文書（AH317-56-5）の文面は次のようである。

覚

当高　六升八合　　平鹿郡三本柳村　御開右者　去未秋調赤川村知行開之内　御用地成候代
知　三本柳村御開之内ニ而当申年より相渡申候　以上

文政七年申年　七月二日　御金蔵

須田内記殿

その他の場合も文面的にはこれと大差はなく「御用地」となったから代知を支給するとあり、「御用地」の意味を示す文言は見られない。「御」と付いていることから対象の土地（＝給分地）が何らかの理由で公的な土地（御用地）となり藩有の土地となったことを意味している。そのため、その土地の高を給人に補償したものと考えられる。このケースは偶然にも『横手市史』史料編近世Ⅰの③物成御勘定目録に収録されている弘化四年（一八四七）三本柳村（一一二〇～一一二六頁）の記録と一致している。その文面は

同七升四合　文政七申年赤川村御用地。御代知当村上り地之内より出ル。

当高六升八合

とある。七升四合は高表示であるから同史料にある免五ツ五歩を根拠に次のように計算すると

$0.074 \times 0.55 \times 10/6 =$ 当高 0.068 となる。

給人側と村の地方史料が完全に一致してるが、どちらの文面にも「御用地」の内容を示す情

報は見られない。結局、今現在わかることは、給人の知行地が何らかの理由で藩有地に「御用地」との理由で変更されたため失われた知行高を藩が蔵分の土地で代知として補償した制度と言えるだろう。

④起返高引替につき

須田家で二件のみの事例。史料中の文面は次のようである。天明四年（一七八四）調で確認されたもので平鹿郡下境村で「下境村知行地之内先荒起返高引替代知」とあり、耕地が荒廃したため村高から除外されていた部分が再開発され（このことを**起返り**と言っている）米が生産されたため、その高を蔵分（63頁参照）とするかわり、その分に相当する代知が他村に与えられたことを示している。下境村での起返高は二〇四石一九七と大きい。

なお、『横手市史』史料編近世Ⅰの三〇一頁に「給分地の起返り高は一五年間蔵入地編入のこと」（寛政九年「郡方御用被仰渡手控」）とあるから須田内記知行地での起返り高は郡奉行が再設置された寛政七年（一七九五）以後に新しい政策として同九年（一七九七）示されたものではなく、これ以前の天明五〜寛政四年（一七八五〜一七九二）にかけて既に蔵入地扱いされていたと推定される。その高に相当する代知が蔵分の上り地から須田氏に支給されたと理解できる。次の件は三本柳村関係で須田氏側史料では「休高起返代知」とあり下境村同様給人が耕地不可能地と見なして休高扱いし貢租対象から一定期間除外していたが、その耕地が再開発され復活（＝**起返り**）したので、その代知が他村で支給されたことを示している。この件も『横手市史』の一二〇頁にある同村の記録と一致しており、村記録では「起返り休明出高」とあり、年号や代知の村、その高が完全に一致している。

⑤「堰下」「道下」などの土木工事により

これによるものが一一〇件で代知原因の五七％近くを占めている。その内訳は①用水関係七一件、②道路工事関係三七件、③土取場関係二件となっている。

①の用水関係の工事を史料上の文面で見ると「関下ニ成候代知」、「堤下」、「堰下」、「土手下」、「関道下」などとなり用水工事に伴う既存耕地の喪失を補償する代知とわかる。

次の②の道路関係は「道下」、「船引道下」、「街道下」などの理由によるものであった。その内、「船引道下」（小貫文書1044、仙北藤木村）は雄物川舟運に関わるもので土崎湊から帆船で遡上する川船が藤木村周辺から上流に進むため川の両岸を船引き人足（『雄物川往来誌（上）』佐藤清一郎・一〇九頁）が船と結んだ綱を曳き船して角間川港（別名綱舟曳きの渡し場）に達していたことを物語る文面である。なお、深井港付近の川の両岸に〝船ツ衆道〟と呼ばれる一m幅の道があったとの報告がある（『前書』一三三頁）。③の土取場の二件は長瀬氏関係で『秋田市史』近世通史編二八三頁の表48で紹介されており、ともに仙北郡鑓見内村で発生したもので土木工事用の土砂採掘により既存耕地が喪失したためと推定される。この⑤の土木工事による代知の理由の中心は農業を支える用水工事と日常生活の維持のための道路工事の二つが主なものであったと言えるだろう。土木工事により減少した知行高の全額が代知として補償されたのか、それともある程度の割合で支給かはそれを具体的に示す史料が今の所確認できていない。⑥除地につき　⑦引上につきは、各一件と事例が少ないので、今後検討課題としたい。

附《つけ》人《びと》〔武家分野（格式）〕

大名家をはじめ重臣の家に監督・保護・補佐の任務を与えられ主君又は他家から派遣された者を**附人**という。附人は派遣する側と派遣された側との関係から、およそ二つのタイプに分かれるだろう。

（一）佐竹本家から一族に派遣される場合

常陸時代、佐竹氏がその勢力を拡大する過程で、一族を領内各地に駐屯させていた。その際、本家を補佐させるため軍事的支援の一環として本家直臣の一部を一族に家中として送り込んでいた。このことは主従関係から見れば、これら附人は直臣から一族の家来、陪臣《ばいしん》又は家中と表現される身分となる。県公文書館蔵の「諸家陪臣記録」（A.288.3.35　宝永四年二月調）によると一〇家に合計四〇名の附人がいたことがわかる。これら附人全員の個人名を示すのは紙幅の上からできないが、北家（佐竹主計）の場合、矢野八兵衛・小野崎平兵衛・太田喜兵衛・山方庄右衛門・竹内平次右衛門の五名で「北に御附人、義廉に従い常陸より秋田に来る」とある。これらの附人は義治、義篤、義重の代に附人として本家から分家の北家に与えられた軍事的支援であると共に、本家への忠誠を継続させるため北家陪臣団の中に本家が打ち込んだクサビでもあった。北家当主にとって頼れる家臣ではあったが心底全面的な信頼を置けたかは疑問が残るところである。また、南家の場合佐竹淡路の家中で南家の家政を行い家老・膳番、町奉行等に任命されていたが、「元禄十三年家中分限帳」（湯沢市立湯沢図書館蔵）によると家老三名の内、疋田六左衛門（知行二三〇石）、大輪武右衛門（一二〇石）の二名は附人であった。更に残りの附人三名の知行高は山方市之進二五〇石、荒蒔十蔵二五〇石、中村治太夫一四〇石と南家家中の中で高禄の待遇を受けている。

この様に附人は派遣に際し役職と知行高について本家からの強い意向があったと理解できる。これはまさに幕府が御三家に送り込んだ付家老と性格を同じくするものであった。

以下、東家七名、西家六名、石塚主殿家五名、大山家三名、戸村家二名、小野岡家二名、古内佐惣次家三名、今宮文四郎家二名の合計四〇名である。

（二）有力家臣の婿養子に実家からの附人の場合

「明治三年陪臣家筋取調書」（県公文書館蔵、マイクロフィルム№.38）によると戊辰戦争に従軍した「渋江内膳家人筋目」の中の隠明寺長の部分に「延宝六年四代目隆光代処光、大山家より養子之砌附人ニ而罷成……」とある。これによると渋江家四代隆光即ち宇右衛門で家老となった人物の養子に延宝六年（一六七八）院内の所預大山義武の二男（幼名大和、源蔵）がなった際、実家大山家の家臣隠明寺氏が附人として渋江家に派遣された事実を示している。渋江家では隠明寺氏以外に、千葉氏（塩谷家からの附人）、佐貫氏（南家から）、熊谷氏（荒川家から）と四名の附人が存在していた。彼らは婿養子を強力に補佐する側近として期待されたことだろう。

手前給人《てまえきゅうにん》

〔武家分野（格式）〕

有力家臣（史料上の表現では「御名字之衆、御所預を始大身之面々」）の家来の内、主人の居住地と離れた農村に常住しており元は農民であった者が、その村に知行地を持つ有力家臣の新田開発に多大の貢献をした功績により有力家臣の家来（家中）に取り立てられ主人から知行地を分与された在村の武士（藩主から見れば家臣の家来なので陪臣《ばいしん》となる）のことを言う。家臣は藩主から与えられた知行高の範囲内で自からの軍役義務を果すと共に家政運営のため家中又は家人と称される家来を持っていた。これらの者達を陪臣と呼ぶが、陪臣は基本的には主人の屋敷内の長屋等に居住していた。ただし、**所預**《ところあずかり》（212頁参照）の十二所茂木、大館西家、桧山多賀谷、角館北家、横手戸村、湯沢南家そして院内大山の七家にあってはそれぞれの地で陪臣団が集団で居住して自からの主人を守護・補佐していた。

以上のことから、陪臣は基本的には城下の久保田か前述した七家が駐屯する地点に居住して主人を補佐していたが、有力家臣の知行地で実力を持つ豪農層が指紙開《さしがみびらき》と言われる給人による新田開発事業に資金を提供するなどの協力の功績の結果**手前給人**となるケースが多かった。この用語は寛政六年（一七九四）八月に仙北と下筋（久保田以北の地域）の代官へ出された「覚」（『秋田藩町触集』九一五）と『渋江和光日記』に出て来る用語で、これまで秋田藩の研究ではその実態はくわしく分析されて来なかった。しかし、明治三年の「家筋取調書」（公文書館、県D・8の1〜5）から一〇家で、最大人数四八人、最少人数で三四人（知行取りのみに限定した場合）存在することがわかった。以下、手前給人を持つ有力家臣名、手前給人の居住する村名、手前給人名、禄高、召抱時期、召抱の理由に分けて表にすると次のとおりである。（次頁表1）

東家の手前給人は一三人で、その合計禄高は東家知行高の九・七％になる。次の多賀谷家は八人で合計禄高は同家知行高の三・九％になる。

表1　手前給人について

給人名	格、禄高	居住地	手前給人名	手前給人の禄高 元文4禄高	手前給人の禄高 和光日記中	手前給人の禄高 明治3年	召抱時期	召抱の理由
佐竹源六郎（東家）	一門 5,957,918	板井田村	子吉早人			45,000	元和年中	知行方開発出精ニ付
		〃	幡江喜右ヱ門			45,000	寛永年中	〃
		久保田勝手	太田藤一郎		三人扶持840匁		〃	〃
		大森村	高橋恭蔵			47,941	〃	大森村　〃
		十日町村	佐野藤兵衛			46,000	寛文　〃	知行方辛労之訳有之
		大森村	佐々木治左ヱ門			65,730	延宝　〃	大森村開発出精ニ付
	13人	宮林新田村	小松松之助			45,000	延宝2年	知行高開方格別出精ニ付
		板井田村	掛札波江			173,000	元禄年中	知行高出精之訳有之
		新町村	大庭重右ヱ門			25,000	〃	知行高辛労之訳有之
		袴形村	早川武左ヱ門			15,000	宝永年中	知行方開発格別出精
		板井田村	佐々木漸五郎			記載なし	正徳　〃	〃　出精之訳有之
		宮林新田	小松小助			36,000	享保5年	〃
		袴形村	中村藤蔵			35,000	寛延年中	佐々木治左ヱ門分家
多賀谷左兵衛（桧山）	所預 3,590,216	十文字新関村	小松忠四郎			20,000	寛永年中	指紙下開発致御高御注進
		醍醐村	佐藤進			27,333	享保年中	
		十文字富沢	斎藤祐蔵			20,000	〃	
	8人	?	佐藤忠治			20,833	〃	
		?	田村市左ヱ門			33,347	〃	
（多賀谷左兵衛）		藤木村	高橋久蔵		三人扶持50目		享保年中	
		?	高橋勘之助			〃	〃	
		?	佐藤勘左ヱ門			20,000	〃	
戸村十太夫	所預 7,759,478	?	半田政之助			15,604	?	仙北金沢中野村開発之功
		?	伊藤文一郎			65,493	万治年中	秋田郡中津又村開発ニ付
大山日向	所預 1,123,797	?	高岡藤吉			10,000	文政8年	開発注進之功により
梅津外記	組下持 3,361,340	沼館村	小柳庄兵衛			29,913	寛永年中	
		深井村	石川五郎兵衛			28,000	〃	
		浅舞村	鈴木兵右ヱ門			21,250	〃	
		今宿村	小沢市之丞			26,500	延宝2年	
渋江堅治	組下持 2,908,664	馬場目村	石井早太	50,000		27,506	正徳年中	
		神宮寺村	仙波三郎左ヱ門	30,000		13,300	天和年中	
		〃	高橋六郎兵衛	180,000				
		〃	十右衛門				文化年中	
		〃	高橋十右ヱ門	100,000				
	12人	飯詰村	久米又左ヱ門	100,000		64,754	元禄年中	
		〃	久米長左ヱ門	20,000	天保4　15,000			
		小貫高畑村	冨樫刑部左ヱ門		天保3　7,000		天保3年	神宮寺村ニ而7石
		川尻上野	佐藤与吉郎		文政6　10,000		文政6年	20年来財用方用事承ニ付
		小貫高畑村	吉兵衛		文政7　22,000		文政7年	開発忠進願い出ニ付
		川ノ目村	八右ヱ門		天保3　7,000		天保3年	借方ニ付て
		飯田村	喜之助		天保3　7,000		〃	〃
梅津与左ヱ門	宿老席 1,587,281	道地村	大日向久之助			15,139	延宝3年	
		〃	大日向庄右ヱ門			14,539	享保2年	
		金沢新西根村	渋谷恭蔵			20,833	〃 11年	
小鷹狩勘解由	宿老席 2,530,016	藤木村	渋谷慶吉			15,000	享保年中	
		森岡村	池内俊蔵			25,015	元文年中	
佐藤雅楽	宿老席 880,555	貝沢村	大野長吉			37,000		貝沢、杉宮開発ニ付
梅津平八郎	?	岩井川村	三村惣兵衛			25,000		岩井川村開発ニ付
		〃	弟〃鉄之助			三人扶持		
			合計48人			34人		

注　1）禄高は文政4年時　2）給人名は明治3年時　3）表中の？は記載なしを示す

渋江堅治（和光）家は一二人であるが、元文四年（一七三九）の渋江峯光家中分限（A・317-88）によると同年渋江峯光の知行高は四三四七石で家中は八三人であった。

その内、表1にある神宮寺村の手前給人高橋六郎兵衛は禄高一八〇石で全家中で最高禄高であった。渋江家中で家老の鈴木庄左衛門は八〇石であった。この高橋六郎兵衛を含めてこの年の手前給人は六人で、その合計禄高は四八〇石。峯光知行高の一一％に相当する。また、全家中への支払いに占める六人の割合は三〇％であった。寛政六年の「町触」によると

図１　旦那門（横手市十文字能平喜《のびらき》地区の手前給人・小松家の門）

①武士でありながら百姓屋敷に生活しているのは支配機構上色々不都合である。
②宝暦以後に手前給人となった者は今年の十一月までに主人の屋敷に居住させること。
③手前給人は村に住み、門を建てていると聞くが、古来からいきさつのある者は認めるが、それ以外の者は門を建てることを禁止する。（旦那門と言っていた。図1参考）

以上、三点が通達されている。渋江家の場合、手前給人六人をのぞく残り七七人の家中は渋江屋敷にある五一七坪の長屋に居住していたが、手前給人の六人はそれぞれの村

に居住し、季節の節目ごと渋江屋敷を訪れ和光に年賀のあいさつを尽して主従関係を確認しあい、事あるごとに村の特産物を持参している。秋田藩が百姓・町人を取り立てて武士扱いとした者を**新家**《しんけ》（140頁参照）として（直臣扱いである）承認して藩の支配機構の中での位置付けを行ったのは文政八年（一八二五）のことであった。一方、有力家臣が自からの知行高の一部を知行村に住む百姓に分与して家臣化（陪臣扱いである）することを手前給人と称していた。表現をかえれば、藩の直臣になった百姓、町人取り立て武士は〝新家〟で、有力家臣に取り立てられた者は〝手前給人〟と呼ばれる陪臣であったとも言える。藩も有力家臣も共に有力百姓・町人の資金的援助なしには今の体制を維持できなくなっていたことを示す用語と言える。

寺請証文《てらうけしょうもん》

〔宗教〕

切支丹改《きりしたんあらため》の結果、人々はいずれかの寺院の檀家となったから寺は檀家の家族構成や、移動などを必然的に知り得ることとなった。その結果、人々が他所に移動したり結婚や奉公などの際に自分の身分を証明する今の住民票に該当する証明書を自分の檀那寺から発行してもらっていた。この書状を**寺請証文**という。即ち寺がその者の身分を証明する（請負う）ことになる。平鹿郡下鍋倉村の者が嘉永二年（一八四九）伊勢参宮の旅に際して檀那寺である曹洞宗永蔵寺《ようどうじ》（旧平鹿町）が発行した自分の身分を証明した寺請証文、一般的には往来手形《おうらい》と言われる書状を持って旅に出た（『平鹿町史』）。この書状は関所通過の際に身分を証明するものであったから旅人は旅行中はだ身離さず持っていた。書状には次の五つのことが書かれている。①この者は自分の寺の檀家（信者）であることを証明する。②旅の目的は伊勢神宮に参詣するためである。③旅行中何らかの事故があって困っていたら宿泊の世話をしてほしい。④万一旅の途中で病気になり死亡した時にはその地で曹洞宗の作法に従い葬儀をお願いしたい。⑤病死したことを宿場から次の宿場へと連絡してもらい何年かかっても良いから檀那寺である永蔵寺まで知らせてほしい。以上五項目が書かれ檀那寺の印が押されている。

旅の途中病気になったことが往来手形の依頼に従いその者の生家に連絡された例として次のような書状が残されている。寛政六年（一七九四）平鹿郡下樋口村の者が伊勢参宮を果たして帰国の途中病気になり五月一日から当町（由利郡塩越村）の宿屋小左衛門の所で治療のため逗留し薬を飲んでいるが回復できないでいる。故郷に早く帰りたいと連日言っている。帰国の費用がないとのことを本人が持っている寺請証文に従い隣の宿場である金浦村（現にかほ市金浦）の名主に連絡します。なお本人の持つ寺請証文は平鹿郡下樋口村にある禅宗善福寺発行のものである。この連絡文は五月十六日塩越町名主から出されたものであったから、この病人は旅先で二週間以上の逗留でも回復できず村送りの連絡で生家の下樋口村に情報が届く手続きが取られたことがわかる。江戸時代、人々が安全に旅行できるシステムのひとつとして寺請証文の果たした役割の重さがわかる。

◦旅の途中で病死した場合

『羽陰史略』の中に次の二つの事実が残っている。

宝暦四年（一七五四）八月七日の記事

一、八月七日、竹中主膳殿（交代寄合）御在所（濃州関ヶ原）にて、秋田より伊勢参宮之女（仙北郡六郷村三右ヱ門妻）病死之節役人等被差出丁寧に御取扱も在之に付為御礼使者被差遣候。但右女相煩候段宿より御留守居まで為知有之ニ付、此方より御中間関ヶ原へ被遣御尋被成候内、死去仕候付其所之役人、医師等へ金子為取候義、御中間仕払候様に被仰付候。

文意は関ヶ原で六郷村の女性が病気になり死去した。その折その地の役人が出向き丁寧な扱いであったことを知り秋田藩としてその御礼の使者を派遣した。なお、この女性が治療のため宿泊していた宿の主人から藩の留守居役（江戸藩邸と思われる）の所に連絡が入った。中間を派遣し消息を尋ねている内病死したのを知り世話をしてくれた役人や医師に御礼の謝金を支払うように命令した。

旅人の死は、その地の領主や医者をも巻き込む外交問題になっていたのがわかる。藩として相手方の親切な対応に十分礼を尽くしたのがわかる。次の事実から謝金の額をある程度知ることができる。

宝暦五年十一月二十九日、庄内藩領の鼠ヶ関で仙北の山谷川崎村の者が伊勢参宮の旅の途中病死した。その折、藩は患者に対応してくれた相手方への礼金として郡奉行に金子五百疋（百疋で一分なので一両と一分になる）、同人手代と大庄屋に各三百疋、医者と寺に各二百疋、村の組頭二人に各百疋、旅籠の主人に三百疋を送り世話への御礼をしている。礼金の額は合計で二〇〇〇疋即ち金五両となる。藩は領民の他領での死を知らぬふり出来なかった事実を示すと共に往来手形を持つことで旅人は旅行中も、そして死に際しても藩が関わっていたことを物語っている。

所《ところ》預《あずかり》

〔武家分野（組織）〕

秋田藩で領内支配上の重要地に常駐させた佐竹一門や譜代の重臣のこと（**所持**とも言う）。彼らは居任地に自己の家臣団（**家中**と一般的に言う）のほかに本藩派遣の直臣家臣団（**組下**と言う）を指揮して治安、民政、年貢の収納等を担当した。しかし、藩権力が整備されるにつ

図１　桧山所預・多賀谷左兵衛の居館と家中屋敷の様子
（享保 13 年「桧山一円御絵図」より）

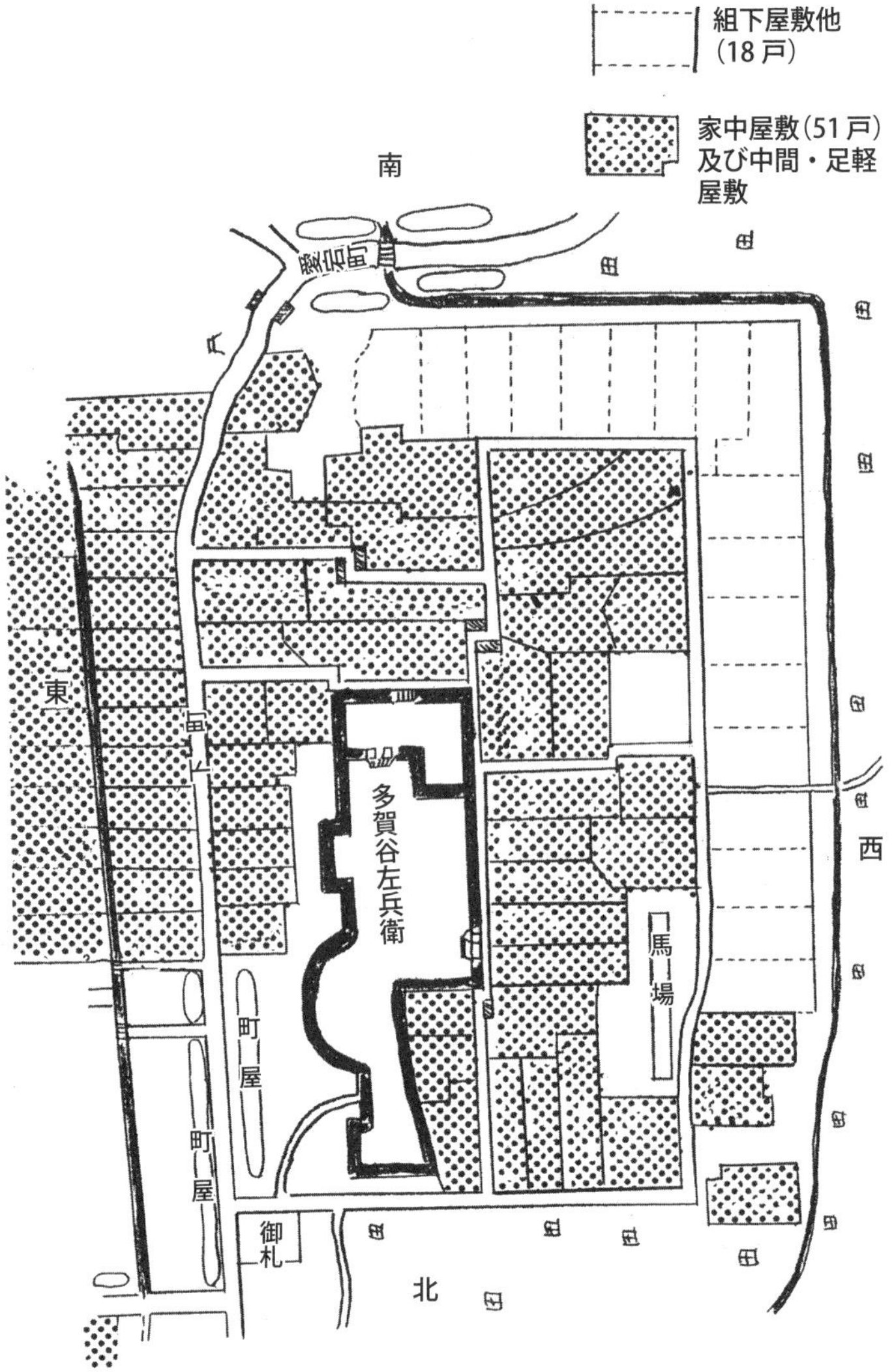

れて権限は漸次縮小された。所預設置の由来は入部直後、領内支配のため戦国期の諸領主の城下町や領境の重要地に彼らを城代として配置したことにはじまる。所預のいる地とその変遷は次のとおり。

・**十二所**・[城代] 赤坂下総↓(元和元) 塩谷伯耆↓(延宝七) 梅津五郎右衛門↓(天和三) 茂木筑後↓

・**大館**・(慶長十三) 小場氏後改佐竹西家↓

・**桧山**・(慶長十五) 多賀谷氏(当初城代、元和六以降所預)↓

・**角館**・[城代] 須田美濃↓(慶長八) 芦名盛重(当初城代、元和六以降所預)↓(明暦二) 佐竹北家

・**横手**・[城代] 伊達参河↓[寛永元、城代] 須田美濃↓(寛文十二) 戸村十太夫↓

・**湯沢**・(慶長七) 佐竹南家(当初城代、元和六以陣所預)↓

・**院内**・[城代] 箭田野安房↓(明暦二) 真壁安芸↓(寛文十二) 小田野刑部↓(寛文十二) 矢田野行光↓(延宝八) 大山因幡↓

は行

文《ぶん》銀《ぎん》〔経済・貨幣〕

元文元年（一七三六）に幕府が鋳造した文字金銀のこと。この時鋳造された銀貨を『大工町記録』（『秋田市史』近世史料編上の三三五頁）元文二年の条に

銀改　一文字銀通用にて銭相場　**文銀**壱匁ニ五拾文位つかひ申候

とあるから当時「文銀」と表現していたことがわかる。同じ史料の元文三年の条に

一惣して文字銀通用ニ成リ申候、銀壱匁ニ四拾八九文之相庭ニ御座候、極月ニ入四十四文

とある。『県史』によると、この銀貨は純度は四六〇／一〇〇〇で、最初の頃の相場、銭五〇文～五二文から下落し、文銀一匁が銭で七七文程度（すなわち以前の一・四八倍）となった。このことから以前の銀一〇〇匁を文銀一四八匁に増銀することになった。このことを当時の表現を借りれば〝**銭定銀之法**〟と言う。

ところが『県史』の年表編の寛延元年十月十八日に、「これまでの銭定銀之法による増銀率を一・四八倍から一・三五倍とする」とある。このことは従来小役銀は当高一〇石で給分地の場合、慶安四年（一六五一）以降、極印銀四七匁八分とされていたが、下淀川村の武藤助左衛門家伝

来文書三八の文政六年十月に手前給人佐藤与吉郎への書状の中で

一小役銀　　四拾七匁八分
　此文銀　　六拾四匁五分三厘

とある例から明らかなように従来の小役銀四七匁八分を文銀表示で、まさに一・三五倍に相当する六四匁五分三厘と増銀していることがわかる。更に『横手市史』史料編近世Ｉの中にある三本柳村の弘化三年御物成御勘定目録（一二六頁）の史料最終部分に

当高　二九六六石四四五
此諸役銀　　一貫四一七匁六厘
此文銀　　一貫九一三匁三厘

とあり、上段の一・三五倍の増銀で文銀が一貫九一三匁三厘になっている。以上から、史料上にあらわれる「文銀」の数値の意味を理解することができる。

ま行

向《むかい》高《だか》
〔地方知行制（農村と武士との関わり）〕

給人が商人などから米や金銭を借りて返済できない場合、自己の持っている知行地からの年貢や小役銀の一部を借金返済に向ける高のことを言う。言いかえれば給人が知行高を担保に借金をして、その返済に向ける高のこととも言える。

最近八峰町教育委員会から刊行された『八峰町の古文書』塙村文書第三集の中に一九九番「受取手形綴」の史料がある。同史料は文化十四年（一八一七）十一月十九日付けの手形六枚が綴られたもので、この六点の内訳は、朝日又兵衛関係二枚、寺崎藤九郎関係三枚、本山幾之助関係一枚となっている。その内朝日又兵衛の一点を紹介すると

軽升米三石弐斗五升六合請取候、右ハ朝日又兵衛向高米之分上納之時、以上

文化十四年

丑十一月十九日　　村井藤左衛門㊞

塙村　肝煎殿

となっている。

文化八年（一八一一）時、朝日又兵衛は久保田給人で知行高は一一六石三二八で大番組に属する給人であった。朝日氏の塙村での知行高はわからないが**軽升**（44頁参照）で三石二斗五升六合を年貢納入の際に私、村井藤左衛門が朝日氏の向高の分として受取ったことを塙村の肝煎宛に発行したものと理解できる。六枚の手形を給人ごとにその内訳を示すと次のようになる。

・朝日又兵衛（知行高　一一六・三二八）

年貢米から軽升で三・二五六と小役銀の中から三二匁二分七厘に相当する銭三貫六一四文を村井藤左衛門が受取った。

・寺崎藤九郎（知行高　五〇八・〇四五、久保田給人、廻座）

軽升米で三・二五六と小役銀の中から三二匁二分七厘に相当する銭三貫六一四文と小役銀分では不足している分を銭で六八八文。結局、銭で四貫三〇二文を村井藤左衛門が受取った。なお、寺崎氏の塙村での知行高は後年であるが弘化四年（一八四七）時一〇七・二一三（第一集三二頁）であった。

・本山幾之助（知行高、所属不明）

軽升米で〇・九七七を村井藤左衛門が受取っている。

以上、六件の向高を十一月十九日、村井藤左衛門なる人物（村井藤左衛門は『能代市史近世資料編Ⅱ』の御下代暦代帳によると能代奉行所の職務を担当する世襲制の「下代」の家で身分的には町人であるが、藩から材木山の管理や材木の流通を管理するためある程度の扶持と給銀を与えられていた。同資料によると寛政期「下代」の家数は一九家とされている。なお村井藤左衛門は天保八年（一八三七）十二月に提出した系図からいわゆる新家であることがわかる）は、本来ならば朝日、寺崎、本山の三人の給人が手に入れるべき分を軽升で米七・四八九と銭で七貫九一六文受取ったことになる。これら三人の給人がどの程度の借金をしたかは返済額の中に利子も含まれているだろうから正確にはわからない。この向高と呼ばれるシステムの中で注目したいのは給人が村から自己の知行高に見合った年貢米や小役銀（当初は当高一〇石につき銀四七匁八分、寛延元年（一七四八）からは六四匁五分三厘、慶応二年（一八六六）からは二五八匁一分二厘）を受取る前に借金分が村の段階で天引きされ貸付主に納められる流れであったことだ。給人の家計が**借知制度**（115頁参照のこと）の進展や商品貨幣経済の中にどっぷりと浸るなかで必然的に起る家計の破綻状況を示す用語と言える。「向高」の初見がいつなのか、くわしいことは未だわからない。

茂木百騎《もてぎひゃっき》と訴訟一件《そしょういっけん》

〔武家分野（知行制度と財政）〕

小田原の北条氏に備えるため佐竹義宣によって配置された武士たちで文禄年中（一五九二～九九）、武将須田美濃守盛秀指南に属して下野国（現栃木県）の茂木に移り「**茂木百騎**」衆と称された人々のことである。盛秀の配下に編成された後、秋田移封後角館に一時居住した後に盛秀と共に横手に移住している。横手に移ったのは寛永元年（一六二四）五月二日のことで、横手城代の伊達左門が免職となった後任に須田氏が城代になった時であった。寛永四年、茂木衆の人数は七九人で一〇〇人（百騎）ではなかった。七九人の知行高の合計はおよそ、五〇〇〇石余りで最高知行高は一八〇石で一〇〇石以上は一〇人（正徳四年「御国中分限帳」によると横手本町に居住し、正徳期一〇〇石以上は一二人であった）。

その一二人は、片岡七郎兵衛（一三二石）、小田部兵右衛門（一九〇石）、山崎杢之助（一六五石）、野内太郎右衛門（一五六石）吉沢助左衛門（一三〇石）、須田宮内左衛門（一二五石）、石井弥右衛門（一二〇石）、荻津喜兵衛（一一〇石）、滑川半兵衛（一〇〇石）、片岡勘解由（一〇〇石）、安士孫兵衛（一〇〇石）、小田部彦右衛門（一〇〇石）であった。

茂木百騎と称される武士たちは佐竹義宣の命令で須田氏を指南としているが次のように考えていた。自分たちは義宣の直臣で藩の職務を遂行する上で佐竹の重臣の須田盛秀の下に配属されて、その指揮を受けてはいるが、それは職務遂行上指揮命令系統においてであって上・下の関係はあるが、大名佐竹義宣の直臣としては自分たちも、指南の須田氏も同じ立場であると考えていた。禄は義宣から与えられているのであって須田氏から与えられてはいないとしていた。しかし、須田盛秀は茂木衆は主人と従者の関係に近く、より従属的な関係にあると考え、自分の「与力」と考えていた。ここに茂木衆と須田氏との間に大きな見解の相違があった。このことが原因で藩政を揺り動かす程の大事件となったのが茂木衆によるところの訴訟一件である。

寛文十一年（一六七一）二月十三日、茂木衆から二二か条の口上書が藩庁に提出された。それは須田氏三代目の須田盛品《もりただ》が自分たちを与力扱いしていることへの批判であった。同年八月十二日、多賀谷左兵衛隆家、梅津半右衛門忠宴の両家老から茂木衆を須田氏の「与力」とすると伝えられたことで茂木衆は、その決定に反発して代表一〇名を久保田に送り藩側の交渉役の四人（黒沢甚兵衛道重、今井三郎左衛門、黒沢多左衛門、小野崎藤馬）と幾度となく交渉をくり返している。その間に二代藩主義隆が六三歳で寛文十二年十二月五日没する。三代目藩主には義隆の子義処《よしずみ》が就任する。茂木衆と対立を深めていた須田盛品は寛文十二年七月十八日横手城代の任を解かれ久保田城下に移ることになり、戸村十太夫義連《よしつら》が城代となり茂木衆の人々は多賀谷、梅津両家老が下した命令どおり戸村の指南与力衆となった。今まで対立していた須田氏が去っても茂木衆は「与力」と扱われることを納得していなかった。遂に新領主の義処の判断でこの件は延宝二年（一六七四）正月、茂木衆を横手城代の「与力」とするのを改め「組」と称すこととされた。しかし、茂木衆は自分たちだけが「組」として扱われることは納得できないとしてねばり強く交渉を続け一歩も引く構えを見せなかった。それは茂木衆を含め全ての在方給人（十二所、大館、桧山、角館、横手、角間川、刈和野、湯沢、院内）を一律に「**組下**」（本書58頁参照）と称しはこの件に関して次のように決定した。延宝四年（一六七六）、藩所預、城代の支配を受けることとした。

寛文十一年以来続けられてきた茂木衆のねばり強い訴訟運動は秋田藩全体にとって、これまでの指南や与力の軍事編成を組親と組下の方式に変更させることになった。その意味において茂木衆の果たした役割は大きいものがあった。

本御家中《もとごかちゅう》・角館住居

〔武家分野（格式）〕

旧芦名家家臣の内、芦名家断絶後江戸の佐竹式部家の家臣となり、その後式部家廃家後に「本御家中」の称号のもと角館に居住していた佐竹直臣の在方給人のことを言う。『芦名記』によると慶長七年（一六〇二）、佐竹義宣国替の時、それに同道し角館に移り住んだ芦名家臣は御一門の中目五郎兵衛、家老の真壁十兵衛、蓮沼勝右衛門、渋川正之助、小野崎九郎右衛門を含め一一二人であった。その中には佐竹が派遣した**附人**（本書205頁参照）三人と佐竹譜代の者六人も含まれていた。更に角館に入った後に現地秋田で新しく召し抱えられた人々は合計二二人であった。内訳は戸沢から二人、瀬利ヶ沢から一人、院内大山から二人、梅沢から二人、津軽浪人から一人、南部浪人から二人、秋田氏家臣から八人、戸村から二人、今宮から一人、院内村から一人となっている。これらの人々を合計すると一三四人の家臣団を持っていたようである。さらに寛永四年の「在々給人配当帳」（『県史』資料編近世上、二二七頁）によると芦名義勝一万五〇〇〇石以下家臣四一人と足軽三五人であった。

結局、芦名家臣の経歴を大別すれば会津以来の譜代を基本としながら佐竹から派遣された家臣、そして角館での新規採用の人々と多様な経歴の人々で構成されていたのがわかる。この東北最大の名族芦名家は不幸にも承応二年（一六五三）六月当主千鶴丸がわずか四歳で没したことでその後の忠臣達の御家再興運動もむなしく断絶となる。芦名家断絶後の家臣の行く末は大きく分けると次の三つになる。

その（一）は芦名家の後に角館に入った一族佐竹北家の組下（佐竹直臣）となった人々で承

応二年当時四九人であった。正徳四年（一七一四）には八九人と記録にあり旧芦名家臣の大半がこれに属している。

第（二）は主家再興に奔走し久保田に訴状を承応二年六月七日に提出した者の主な人々で檜山所預多賀谷左兵衛の組下とされた一六家・二三人である。以後、享保十三年（一七二八）一六家、天保十二年（一八四一）一四家、安政二年（一八五五）一五家と人数に大きな増減はない。

第（三）は佐竹式部家の家臣となった者達で、その数は三一人二八家であった。しかし、享保十七年に式部家が廃家になったため、その内の一七人は宗家の直臣扱いで角館に居住する給人として〝本御家中〟と「分限帳」上表記される扱いとなった。それから六五年余りの後、九代藩主義和《よしまさ》の寛政九年（一七九七）六月八日の条（『佐竹家譜』）に次のようにある。

「初め慈雲公に宗国に随て吾藩中に帰し、角館に住する者**本御家中**と称し今日に至る。今日、特に令を下し其称号を改て、統て**角館住居**と唱しむ。而して其継襲、初見の礼旗下の士と等を同ふす。以下軽輩に至て亦然り。」

現在までのところ義和がこの時期に、どの様な意図でこれまでの称号であった「本御家中」を「角館住居」と改称したのか研究不足で明らかではない。文面から判断できることは「本御家中」は相続や初見の礼など藩と家臣との関係を確認する儀式や格においてこれまでは明らかに直臣と同等の扱いではなかったことがわかる。その数は天保五年（一八三四）一一人、同十二年（一八四一）一六人、安政二年（一八五五）一五人となっている。享保十七年時の本御家中は一七人で次の人々である。

茂木要人、佐藤健之助、浜野重左衛門、北原伊作、三森市左衛門、大久保喜六、水野長蔵、佐藤礼太、篠田与左衛門、岩井円蔵、広谷易右衛門、武藤七郎、陶虎之助、篠崎才治、高久治左衛門、石郷岡道有、篠田玄庵

ら 行

両替引・両替損 〔旅〕

由利本荘城下の有力商人で出戸郷名主である今野蔵松の姉於以登が文久二年（一八六二）八月伊勢・金毘羅等への旅に出たが、その記録が「参宮道中諸用記」として『本荘市史』史料編に収録されている。日本各地に残るこの種の記録の中で日々の金銭の支払等を詳細に記したものは他にない程、具体的である。その中に「**両替引**」、「**両替損**」の表現が頻出する。当時の両替の実態を復元できる部分が三か所あるので両替の際の手数料がどの程度のものか以下の数値を参考に計算してみる。

1．文久二年時、金一両＝銭六貫八〇〇文（平鹿郡田村郷の記事から）

2．金一両＝金四分　金一分＝四朱　金一両＝一六朱

八月二十四日、加賀国竹の橋で金二分一朱を銭に両替して八一文の損とある。二分一朱＝九朱なので九朱で八一文の損となるから一朱で九文の損となる。

金一両＝銭六貫八〇〇文＝銭六八〇〇枚

一両＝一六朱＝六八〇〇文　となるから

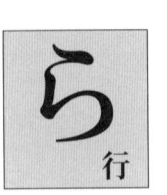

1朱＝銭四二五文　となる。一朱（＝四二五文）を両替して九文の手数料であるから手数料の割合は四二五分の九×一〇〇＝二・一％となる。

十月十七日紀伊国橋本（高野山付近）金二朱を両替して四四文の損とある。即ち一朱で二二文の損であるから四二五分の二二×一〇〇＝五％　となる。

十二月二十三日秋田旧大内町新沢で二朱を両替して二五文の損とあるから一朱で一二・五文となり手数料は四二五分の一二・五×一〇〇＝二・九四％即ち約三％となる。

旅行中銭が日々の支払いで使われているが、道中重い銭を出発日から携行することはなかった。軽く小型の一分金や一朱金が旅人の主な貨幣であったのに対し宿代をはじめワラジ代、さい銭、橋代、手形代などすべての支払は銭であったから、旅人はほぼ毎日金貨を銭に両替していた。しかし、右の事実からわかるように両替手数料は場所により大きく変動していた。右の例で見ると同じ年なのに一朱当り最大で二二文（橋本）、最少で九文（竹の橋）とその額に二・四倍の差のあるのがわかる。四か月以上旅をした於以登の旅費の総額はおよそ三五両を超える額であったから為替を使い旅先の大きな町の両替商のところで現金化していたと推定される。

林業に関する用語

〔産業・運輸（林業）〕

留山《とめやま》　藩が青木（杉）を中心に有用な樹木を独占的に利用するため、特定の山林に**留木《とめぎ》**を指定して伐採を禁止した山のこと。寛文・延宝期（一六六一～一六八〇）に開始された制度で八郎潟以北の米代川流域に多い。林の下枝や下草を農民が利用するのは認められていた。

留木《とめぎ》　伐採を禁止した樹木のことで、当初は青木として杉・桧・松の三種類であったが、享保七年（一七二二）に赤桧《あかひ》（クロベ）・栗・朴《ほお》・槻《つき》（ケヤキ）・桐・が加わり十種となった。

能代・川上地方

男鹿半島と米代川流域の留山地帯のこと。

札山《ふだやま》　水源涵養林の保護・育成（このことを水野目林と表現している）と水害防止のため柳を植樹（このことを川除柳林と表現している）し、樹木の伐採を藩が禁止する**制札《せいさつ》**を交付した山のことを言う。元和七年（一六二一）の南楢岡を最初としており八郎潟以南に多く分布している。『南外村史』によると同村での札山は一七か所におよんでいる。平鹿と雄勝の二郡の数値が欠けているが藩政期秋田藩領内で六五五か所の札山があった。ここでは農民が下枝・下草・山菜を採取することは禁止されていた。

制《せい》札《さつ》　『南外村史』によると同地区に残る制札の大きさは横四八cm～五四・五cm、たて三三cm～三四・六cm、厚さ三cm～〇・八cmで松や梨の板に墨で次のような内容の文が書かれている。札山の場所、制札の種類（水野目林か御用林なのか等）、禁止事項（下草・下枝取りの禁止など）、制定年月日、発給者名（一般的にはその時の家老名であることが多い）。

徒《と》（徒《と》伐《ばつ》）　藩関係の林政史料にしばしば出てくる用語。「徒」にはいたずらと言う意味もある　とされる。これは藩が各地に留山や札山を設定し、そこでの人々の活動を厳しく制限したため農民にとって大切な馬の飼料となる草を刈り取ったり、燃料用の薪を得るためなど生活を維持するために絶対に必要な場所である山林であったから藩の制限を破り「徒伐」（制限を破り、無視して勝手に木を伐ること）を行うことは決して犯罪行為だとは言い難い面もあった。

木《き》本《もと》米《まい》　藩が留山での木材の伐採を行う村に他の地域の村から伐採代金に見合う形で米を支給する制度。山村の村々へ課していた伐採から運材までを負担するこの山役は寛延三年（一七五〇）廃止され入札制に切り替わるまで木本米制度は実施された。

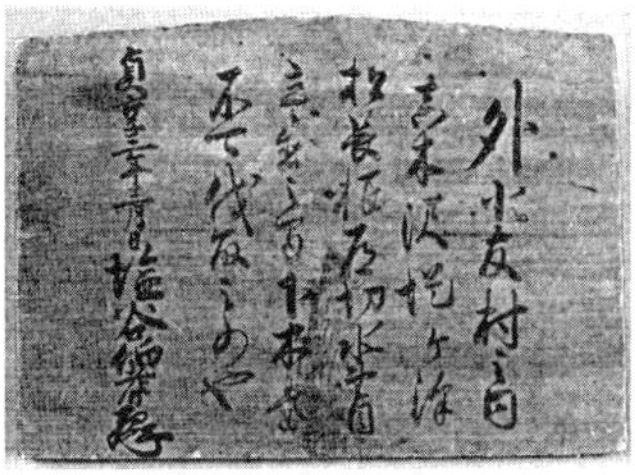
図１　御札山制札（高橋正一氏所蔵『南外村史』口絵より）

能代奉行《のしろぶぎょう》　能代奉行が林政の中心にあった。佐竹氏入部直後の慶長九年（一六〇四）中田彦太夫（知行二〇〇石）と大窪三河（知行高不明）の二人が能代支配に任ぜられ杉の伐採と運送にあたった。能代奉行の職名が正式に使われたのは享保期（一七一六～三六）以後である。留山の管理と用材を船に積み出す能代湊の町の支配の二方面を担当する重職。留山の管理は配下に大阿仁・小阿仁・南比内・北比内・桧山郷の五ブロックに五人の大肝煎を置き、それぞれの村の肝煎が**御山守**《おやまもり》となり実務をこなしていた。

御山守《おやまもり》　留山管理の先末端の担当者で各村の肝煎が兼任して仕事をした。

平山《ひらやま》　青木の林相に関する表現で留山より著しく劣る山のことを言う。状態が良くなれば留山になる。

御直山《おじきやま》　藩が直接伐採する山のことを言う。

請山《うけやま》　藩以外の民間人が請負って伐採する山のことを言う。

冬杣《ふゆそま》　冬期間の仕事のことで伐採、造材、運搬が中心。特に雪を利用した運材は効率が良かったので冬期間の最大の仕事であった。夏杣《なつそま》とは暑さと虫害との関係から力仕事は不向であったから家屋の葺《ふ》きに用いられていた薄い杉板、すなわち**小羽**《こば》作りが中心であった。

小羽《こば》　杉板を薄く割って屋根葺き材としていた。その薄板のことを小羽と言う。一般的には長さ三尺、幅三寸（九㎝）、厚さ六分（一・八㎝）であった。藩では給人に対してその者の知行高に応じて売り与える小羽の枚数を定めていた。文政三年（一八二〇）九月、黒沢十右ェ門、知行高四〇〇石余は小羽一六〇〇枚を二貫八〇文で受取っている。小羽一枚が銭一・三文の値段であったことがわかる。

運上山《うんじょうやま》　村人が藩に山での下枝、下草、薪炭用の木、かや、山菜などを採取するため利用料として運上銀を支払うことで入山できる山や野のことを言う。旧千畑町（美郷町）に地名で「運上野」と呼ばれる所がある。

保太木《ほだぎ》　丸太を二つに割った状態を言う。また寸甫《すんぽ》は丸太を六つ割りにして心を取ったものを言う。

擇《たく》**抜**《ばつ》　間引き的な伐採のことを言う。

あおやじろ　アオヤジロと言われる特殊な杉がある。これは良質な秋田杉の一種で木の先端部分が黄色なのが特徴。香りが良く酒樽などの材として珍重された。実生《みしょう》、接《つ》ぎ木、さし木などのどの方法でも育てるのは難しく自生数は少ない。「渋江和光日記」の文政七年（一八二四）の記録に濁川の下屋敷に「あをやじろ」があるが付近の杉三〜四本がこのあをやじろの成長の妨げになるとして杉の伐採を命じている。平成二十年六月九日の秋田魁新報夕刊で佐藤隆造氏が大仙市内では協和町小種、南外上野、土川字沢田、同鳥井野、大金成、神宮寺宇留井谷地、大川西根蛭川などにあると報告されている。また藤里町粕毛のは樹高二七m、幹回り二・三mとある。

五十音順索引

※太字は項目見出、細字は小見出及び文中ゴシック

分野別索引

※太字は項目見出、細字は小見出及び文中ゴシック

武家分野

【知行制度と財政】

【格　式】

【組　織】

【林　業】

【舟　運】

年　表（年号索引）

※明治以降の年号、及び図表中の年号は含まない

元　号	西　暦	掲載頁（事項・関連項目）
天文 18 年	1549	55（ザビエル来日）
天正 19 年	1591	49（越山作内肝煎就任）
文禄年中	1592 ～1599	220（茂木百騎衆下野国茂木に移る）
慶長 4 年	1599	49（「算用状」に肝煎名）
慶長 7 年	1602	46（六郷一揆），83（先竿開始） 223（佐竹氏秋田入部）
慶長 7 年 ～慶長 8 年	1602 ～1603	10（先竿実施期間），83（〃）
慶長 8 年	1603	46（阿仁・比内一揆），50（肝煎人数）
慶長 9 年	1604	230（中田・大窪、能代支配就任）
慶長 11 年	1606	70（院内銀山直山開始）
慶長 13 年	1608	35（小場義成大館城代となる）
慶長 14 年	1609	134（幕府、証人を義務化）
慶長 19 年	1614	10（中竿実施），83（〃） 50（前郷村「条々」），132（大坂冬の陣）
元和 7 年	1621	228（最初の制札交付）
元和 8 年	1622	86（助川氏「指紙」） 132（由利領請取に出兵）
寛永元年	1624	56（切支丹処刑） 220（茂木百騎衆横手に移る）
寛永 2 年	1625	90（指紙開開発権の移動）
寛永 4 年	1627	111（小野崎氏知行高） 150（武士人口），151（〃），152（〃） 155（〃），157（〃） 220（茂木百騎衆の人数） 223（芦名義勝の家臣団）
寛永 6 年	1629	111（「政景日記」に下屋敷の記述）
寛永 7 年	1630	73（今泉村受取手形に極印銀）
寛永 10 年	1633	94（佐竹義隆二代藩主就任）
寛永 16 年	1639	136（梅津利忠証人となる）

元　号	西　暦	掲載頁（事項・関連項目）
寛永21年	1644	9（三日市太夫次郎の定宿）
正保3年	1646	83（後竿開始）
正保3年 ～慶安元年	1646 ～1648	10（後竿実施期間）
正保4年	1647	52（今泉村「後竿検地帳」），77（〃） 85（後竿実施村） 134（幕府、証人を制度化）
慶安元年	1648	83（後竿終了），85（〃）
慶安3年	1650	168（久保田町大火）
慶安4年	1651	74（諸役を現物から極印銀納入に変更） 215（小役銀の極印銀表示）
承応元年	1652	135（秋田藩の証人）
承応2年	1653	65（「御蔵入帳」作成年代） 91（芦名家断絶） 223（芦名家断絶後の家臣） 224（芦名家旧臣、主家再興を訴える）
承応3年	1654	137（須田主膳証人となる）
明暦2年	1656	35（佐竹義隣角館所預となる）
明暦3年	1657	137（須田主膳証人となる）
明暦4年	1658	35（小場義房佐竹姓を賜る）
万治3年	1660	137（須田主膳証人となる）
寛文・延宝期	1661 ～1680	228（留山制度開始）
寛文元年	1661	134（証人の人数）
寛文2年	1662	51（肝煎人数）
寛文3年	1663	57（久保田大町三町の家数）
寛文4年	1664	53（「御国中分限帳」）
寛文5年	1665	134（証人制度廃止） 137（多賀谷梅千代証人となる）
寛文11年	1671	54（切支丹宗門御調帳を制度化） 221（茂木衆22か条の口上書提出、二代藩主義隆没） 222（茂木衆訴訟運動開始）

元　号	西　暦	掲載頁（事項・関連項目）
寛文12年	1672	65（「御蔵入帳」作成年代） 79（御判紙の書式） 80（佐竹義処三代藩主となる） 81（石井太郎兵衛「御判紙」） 126（西廻航路が開かれる） 190（穴門脇に評定所新設） 221（須田盛品横手城代を解任）
寛文12年 ～元禄16年	1662 ～1703	80（三代藩主義処の在任期間）
延宝2年	1674	7（伊勢御師2家、第1回対立），8（〃） 168（久保田町大火） 222（茂木衆、与力から組へ改称）
延宝3年	1675	7（伊勢御師2家、第2回対立） 115（秋田藩の借知始まる）
延宝4年	1676	36（佐竹義長、壱岐守に任ぜられる） 81（石井太郎兵衛「御判紙」） 190（膳番の人数） 222（全ての在方給人を組下と称す）
延宝5年	1677	127（佐竹軍の騎馬編成），131（〃） 132（〃）
延宝6年	1678	35（西家の家中人数） 131（西家下騎馬数と石高） 205（大山義武二男、渋江宇右衛門家老の養子となる）
延宝7年	1679	73（村から給人への支払に極印銀使用）
延宝8年 ～明和6年	1680 ～1769	117（在々給人の借知割合）
天和元年	1681	80（黒沢家当主家督相続）
天和2年	1682	195（知行村組み替えによる上り地）
天和3年	1683	65（大身代官制廃止）
貞享元年	1684	64（給分の最高値） 151（武士人口），154（〃），155（〃）
貞享元年 ～文化7年	1684 ～1810	155（足軽の人数）

元　号	西　暦	掲載頁（事項・関連項目）
貞享２年	1685	94（生類憐みの令が初めて出される）
元禄期	1688 ～1703	79（御判紙の形状）
元禄５年	1692	142（藩の総人口），143（〃），144（〃） 152（武士人口），154（〃），155（〃） 167（町民人口）
元禄５年 ～享保 15 年	1692 ～1730	169（町民人口），170（〃）
元禄８年	1695	62（組代） 75（幕府、元禄小判を鋳造） 82（御判紙の保存）
元禄９年	1696	62（組代）
元禄 13 年	1700	36（南家家中人数） 131（南家下騎馬数と石高） 204（附人）
元禄 14 年	1701	36（壱岐守家、新田２万石を分知される） 78（荻津半左衛門「御判紙」），80（〃） 91（佐竹義賓 2000 石を加増される）
元禄 15 年	1702	66（黒沢甚兵衛の給分地） 80（黒沢家御判紙） 93（鹿狩り記録） 94（鹿駆除の訴え）
元禄 16 年	1703	154（武士人口），155（〃）
宝永期	1704 ～1710	79（御判紙の形状）
宝永２年	1705	32（内川），33（〃）
宝永３年	1706	95（鹿狩り記録）
宝永４年	1707	203（附人の人数）
宝永５年	1708	95（田口徳右衛門知行高） 97（厚木瀬兵衛知行高）
宝永６年	1709	79（御判紙の書式） 94（生類憐みの令廃止） 96（鹿狩り記録） 99（五代将軍徳川綱吉没す）

元　号	西　暦	掲載頁（事項・関連項目）
宝永７年	1710	9（町村記録の三日市太夫）
正徳年間	1711 ～1716	5（御師の数）
正徳２年	1712	66（南家の給分地），98（鹿狩り記録）
正徳４年	1714	34（北家知行高），35（東家知行高） 36（南家知行高） 53（「御国中分限帳」） 59（組下衆のいる地点） 90（梅津半右衛門家知行高） 107（「御国中分限帳」），135（〃）， 220（〃） 152（武士人口）154（〃），155（〃） 157（〃），158（〃） 224（芦名家断絶後の家臣）
正徳５年	1715	195（知行村組み替えによる上り地）
享保元年	1716	195（知行村組み替えによる上り地）
享保２年	1717	28（富山売薬への統制策）
享保３年	1718	80（黒沢家当主家督相続）
享保４年	1719	13（打直検地），115（半知の登場） 117（借知割合），197（佐竹河内知行高）
享保５年	1720	99（鹿狩り記録）
享保６年	1721	99（鹿狩り記録），100（〃） 148（藩の総人口） 164（農民人口），165（〃）
享保７年	1722	80（黒沢家御判紙） 228（留木に樹種追加）
享保９年	1724	70（院内銀山直山終了、請山開始）
享保 11 年	1726	13（代知政策の実施） 199（平均御竿による打減りへの補填）
享保 12 年	1727	8（伊勢御師２家、第３回対立） 51（肝煎人数）
享保 13 年	1728	224（芦名家断絶後の家臣）
享保 14 年	1729	198（六郷東根村村高）

元　号	西　暦	掲載頁（事項・関連項目）
享保14年 ～享保18年	1729 ～1733	7（伊勢御師２家、第３回対立）
享保15年	1730	101（鹿狩り記録），168（久保田町大火）
享保17年	1732	91（式部家廃家になる），224（〃） 225（本御家中）
享保19年	1734	8（伊勢御師２家、第３回対立） 9（御師２家、武家と民衆に住み分け）
享保21年	1736	35（大館所預佐竹氏、西家と称す）
元文元年	1736	123（各港の廻船問屋） 215（幕府、文銀を鋳造）
元文２年	1737	215（文銀の銭相場）
元文３年	1738	215（文銀の銭相場）
元文４年	1739	51（肝煎への褒賞） 103（牛丸市左衛門知行高） 104（高久彦右衛門知行高） 110（大嶋左仲知行高） 131（渋江家下騎馬数と石高） 154（武士人口），155（〃），157（〃） 158（〃），160（〃） 208（渋江峯光知行高）
寛保元年	1741	110（給人が取得した下屋敷） 123（各港の廻船問屋）
寛保３年	1743	51（肝煎への褒賞）
延享２年	1745	171（関所一覧） 194（改易者知行没収による上り地）
延享４年	1747	142（藩の総人口），144（〃），148（〃）
寛延元年	1748	115（四六），117（〃） 215（文銀の銭相場） 219（当高10石当りの小役銀）
寛延２年	1749	103（鹿狩り記録），105（〃）
寛延３年	1750	229（木本米の廃止）
宝暦期	1751 ～1763	79（御判紙の形状）

元　号	西　暦	掲載頁（事項・関連項目）
宝暦元年	1751	12（打直検地の請願），14（〃） 103（鹿狩り記録），104（〃） 117（四六）
宝暦２年	1752	12（打直検地の請願），13（〃）
宝暦３年 ～宝暦７年	1753 ～1757	143（宝暦の飢饉）
宝暦４年	1754	104（鹿狩り記録） 211（旅の途中で死亡した場合）
宝暦５年	1755	212（旅の途中で死亡した場合）
宝暦７年	1756	143（打直検地の請願）
宝暦８年	1758	194（改易者知行没収による上り地）
宝暦13年	1763	13（打直検地の請願）
宝暦14年	1764	80（御判紙の黒印）
明和元年	1764	14（打直検地の経費の試算）
明和２年	1765	13（今泉村地頭の石高） 14（打直検地の実施），16（〃） 17（打直検地の費用） 24（御手判），25（〃）
明和４年	1767	14（打直検地の経費の試算） 168（久保田町大火）
明和５年	1768	17（打直検地の費用）
明和７年	1770	168（久保田町大火）
明和８年	1771	75（金１両の銀相場）
明和９年	1772	81（御判紙発行の要因）
安永以降	1772～	140（新家の取り立て）
安永元年	1772	104（鹿狩り記録），105（〃）
安永５年	1776	25（御手判），26（〃） 54（切支丹宗門御調帳）
天明２年	1782	9（「鹿嶋・伊勢道中記」）
天明２年 ～天明７年	1782 ～1787	143（天明の飢饉）

元　号	西　暦	掲載頁（事項・関連項目）
天明３年	1783	51（肝煎人数） 66（相給の記録） 105（鹿狩り記録） 168（久保田町大火）
天明４年	1784	201（起返高引替による代知）
天明５年 ～寛政４年	1785 ～1792	201（起返高引替による代知）
寛政期	1789 ～1800	140（新家の取り立て）
寛政・天保期	1789 ～1843	79（御判紙の形状）
寛政２年	1790	8（町村記録の三日市太夫） 128（「御軍割手組覚書」）
寛政６年	1794	66（相給の記録） 123（各港の廻船問屋） 194（改易者知行没収による上り地） 198（六郷東根村村高） 206（手前給人），208（〃） 210（旅の途中で病気になった場合）
寛政７年	1795	28（藩校明徳館が作られる） 201（起返高引替による代知）
寛政７年 ～天保12年	1795 ～1841	63
寛政９年	1797	201（起返高引替による代知） 224（芦名家断絶後の家臣）
寛政10年 ～寛政12年	1798 ～1800	165（組代免）
寛政11年	1799	75（金１両の銀相場）
寛政12年	1800	77（本荘藩薬師堂村検地帳）
享和３年	1803	22（往来手形）
文化・文政期	1804 ～1843	165（農民人口）
文化７年	1810	154（武士人口），155（〃），160（〃） 161（〃），162（〃）

元　号	西　暦	掲載頁（事項・関連項目）
文化8年	1811	89（指紙開開発権の移動），90（〃） 218（朝日又兵衛知行高）
文化9年	1812	127（舟引道による代知）
文化11年	1814	109（給人が取得した下屋敷） 195（忠進開きの新田高の一部が蔵分となった上り地）
文化13年	1816	70（院内銀山請山終了） 109（給人が取得した下屋敷） 117（借知），142（藩の総人口）
文化14年	1817	30（御学館御製薬の普及） 70（院内銀山再度直山となる） 217（向高）
文化15年	1818	173（「渋江和光日記」の背黒）
文政年間	1818 ～1829	30（御学館御製薬の普及）
文政2年	1819	32（御川）
文政3年	1820	8（武家記録の久保倉太夫） 44（軽升と押升），81（御判紙の保存） 113（下屋敷の利用） 174（「渋江和光日記」の背黒） 176（贈答用の魚） 231（給人への小羽売り渡し）
文政4年	1821	51（肝煎人数） 107（「佐竹次郎家人分限帳」） 122（湯治の土産） 161（武士人口），163（〃） 174（茂木志津摩知行高） 190（膳番），196（須田内記知行高）
文政5年	1822	80（黒沢家当主家督相続） 109（給人が取得した下屋敷）
文政5、6年	1822 ～1823	117（借知）
文政6年	1823	114（下屋敷の利用） 174（「渋江和光日記」の背黒） 190（膳番），216（小役銀の文銀表示）

元　号	西　暦	掲載頁（事項・関連項目）
文政７年	1824	109（給人が取得した下屋敷） 121（湯治の休暇願） 199（御用地による代知），200（〃） 231（「渋江和光日記」のあおやじろ）
文政８年	1825	33（御川・内川） 141（武士身分となった百姓町人を「新家」と称す），209（〃） 172（藩主義厚に地酒「嵐山」を献上） 193（中山主典「上り地」を加増される）
文政８年 ～天保 15 年	1825 ～1844	117（在々給人の借知割合）
文政９年	1826	109（給人が取得した下屋敷）
文政９年 ～文政 10 年	1826 ～1827	29（甘草の全藩的栽培開始）
文政 10 年	1827	9（町村記録の三日市太夫）
文政 11 年	1828	45（軽升と押升） 60（梅津外記御相手番を解任される） 114（下屋敷の利用） 119（渋江和光の社参） 122（各港の廻船問屋） 125（土崎湊の小宿件数） 142（渡部斧松「新家」となる） 171（「渋江和光日記」の背黒）
文政 12 年	1829	109（給人が取得した下屋敷） 110（「羽州久保田大絵図」） 174（「渋江和光日記」の背黒），175（〃），176（〃）
文政 13 年	1830	185（「御参勤御道中日記」の背黒） 193（中安主典への御判紙）
天保２年	1831	114（下屋敷の利用） 122（各港の廻船問屋）
天保３年	1832	51（肝煎人数），62（組代） 82（御判紙の保存） 118（社参の休暇願） 143（平鹿郡大塚村人数）

元　号	西　暦	掲載頁（事項・関連項目）
天保４年	1833	146（藩の総人口), 148（〃), 167（〃）
天保４年 ～天保７年	1833 ～1836	140（新家の取り立て）
天保５年	1834	225（芦名家断絶後の家臣）
天保５年 ～天保15年	1834 ～1844	169（町民人口）
天保８年	1837	219（村井藤左衛門系図）
天保９年	1838	66（南家の給分地） 80（黒沢家御判紙） 118（社参の休暇願） 180（「門屋養安日記」の背黒）
天保12年	1841	75（金１両の銀相場） 90（指紙開開発権の移動） 118（「久保田藩分限帳」） 224（芦名家断絶後の家臣), 225（〃）
天保13年	1842	180（「門屋養安日記」の背黒）
天保15年	1844	170（町民人口）
弘化２年	1845	50（肝煎の「筆取」手当）
弘化３年	1846	81（御判紙発行の要因） 216（小役銀の文銀表示）
弘化４年	1847	200（御用地による代知） 218（寺崎氏知行高）
嘉永年間	1848 ～1853	27（富山売薬人数）
嘉永元年	1848	162（武士人口）
嘉永２年	1849	167（農民人口), 210（寺請証文）
嘉永３年	1850	180（「門屋養安日記」の背黒), 198（打直検地による打減）
嘉永５年	1852	24（御手判), 26（〃） 82（御判紙の保存）
安政元年	1854	142（新家、海岸防備に駐屯する）

元　号	西　暦	掲載頁（事項・関連項目）
安政２年	1855	62（組代） 146（藩の総人口），148（〃） 160（武士人口），161（〃） 167（町民人口），170（〃） 180（「門屋養安日記」の背黒） 224（芦名家断絶後の家臣），225（〃）
安政４年	1857	181（「門屋養安日記」の背黒），183（〃）
安政５年	1858	126（新屋の船頭、通し舟を申請） 143（平鹿郡大塚村人数） 183（「門屋養安日記」の背黒）
文久元年	1861	51（肝煎人数）
文久２年	1862	9（「参宮道中諸用記」），226（〃） 45（軽升と押升），67（相給の記録）
元治元年	1864	168（久保田町大火）
慶応元年	1865	64（蔵分の最高値）
慶応２年	1866	219（当高 10 石当りの小役銀）
1801 ～ 1810 年期		140（新家の取り立て）
1811 ～ 1820 年期		140（新家の取り立て）
1821 ～ 1830 年期		140（新家の取り立て）
1831 ～ 1840 年期		140（新家の取り立て）
1841 ～ 1844 年期		140（新家の取り立て）

本書は、以下で発表した文章を再編集し、新たに書き下ろし項目を加えたものである。

◦秋田県歴史研究者・研究団体協議会発行
『会誌』第三四号～三六号（二〇〇七年四月～同年十二月）連載
「質問コーナー」
同第三七号～第六一号（二〇〇八年四月～二〇一六年七月）連載
「用語解説」
◦秋田姓氏家系研究会発行
『あきた史記　歴史論考集6』（二〇〇七年九月）所収
「『渋江和光日記』中の〝背黒〟について」
◦秋田魁新報社発行
秋田魁新報文化欄（二〇一四年四月～二〇一五年三月）連載
「秋田藩の用語解説」
◦秋田県文化財保護協会発行
『出羽路』一五二号（平成二十五年年二月二十八日）掲載
「男鹿の鹿狩り」

あとがき

私が秋田藩の歴史用語の解説を試みることになったのは、秋田県歴史研究者・研究団体協議会（略称・秋田歴研協）で年に三回発行している『会誌』の事務局の一員となり、これまでなかった企画として「近世秋田藩の用語解説を中心とした質問コーナーを設けることになりました」と会誌三四号で新設の質問コーナー登場の紹介をしたことに始まる。

その理由は秋田藩特有の歴史用語の理解に人により多少の相違や誤認識があるように思えたことによる。当時の歴研協の会長、故田口勝一郎氏から「内容に誤りがあれば、次に訂正すれば良いから、やってみたら」との応援をいただき、第一回目は理解に誤解が多い「所預《ところあずかり》」と「組下《くみした》」、それに正体不明な魚「背黒《せぐろ》」の三項目を解説した。

三七号からは「用語解説」と名称をかえ、二〇一六年七月発行の六一号まで二七回、三四項目の解説を行ってきた。解説の基本理念としては、単に用語の定義を短い文章で示すのではなく、その用語・事項の周辺をも加えることで会員各位の理解を深めることを主眼とした。

その後、縁あって秋田魁新報の文化欄に週一回、約一年間「秋田藩の用語解説」として広く県民に紹介できる機会を与えていただいた。ここでは理解され易い説明とは何かを教えていただき感謝したい。第一回は二〇一四年四月一日で「押升《おします》と軽升《かるます》」であった。以後一年間で四六回、三一項目を紹介することができ、読者から種々の質問を受けることができた。

この企画終了後、多くの方から「新聞を切り抜き、まとめて手元に置いて参考にしています」との情報をいただいた。魁新報社の企画では十分に紹介しきれなかった分野が数多くあったこともあり「用語解説」のタイトルで一冊の本にできないかとの願いが出てきた。

しかし、これまで扱った事項を丹念に見ると武家に関わる事項が多く、経済・産業、生活等の分野が手薄であると気づき反省点が多い。

一方、「用語」とは言い難い事項の中で正確な人数や数値を一覧できる形でこれまで表現してこなかった事項を多くの研究報告から明らかになったものについては、できる限り収集して読者の利用の便をはかった。最終的に四八項目の解説となったが、本書をまとめるにあたり歴研協の『会誌』用に作成した内容と一部重複したり、また「秋田魁新報」文化欄の内容に近い部分については、より詳細に解説を加えることで読者の利用に答えるように工夫した。

「用語解説」としたことで編集方法は辞典と同一の五十音順形式とし、巻末に分野別索引及び年表を付し、利用の便をはかった。

最後に、出版にあたり秋田文化出版の渡辺修氏からは懇切丁寧なアドバイスを受けたことで比較的スムーズに出版にこぎつけることができ心から感謝したい。また、この用語解説は私が担当している県の社会人講座の専門郷土史の方々（前代表佐々木幹夫氏、現代表谷内征美氏）からの意見等を参考とさせていただいたことを付記したい。

二〇一六年九月二十一日

著者　半田　和彦

■著者略歴

半田　和彦（はんだ　かずひこ）

一九四二年　秋田県秋田市生まれ。

秋田大学学芸部卒業。

秋田県内の各高校教諭、秋田県立博物館学芸主事などを経て、二〇〇三年、秋田東高校校長で退任。

二〇〇三～〇四年　秋田県立図書館長。

現在、県立明徳館高校非常勤講師。秋田県歴史研究者・研究団体協議会会長、秋田市立佐竹史料館協議会会長、秋田市文化財保護審議会副委員長。

秋田藩の用語解説

二〇一六年一〇月二〇日　初版発行
定価（本体一五〇〇円＋税）

著者・発行　半田和彦
編集・発売　秋田文化出版（株）
〒〇一〇—〇九五一
秋田市山王七—五—一〇
TEL（〇一八）八六四—三三二二（代）
FAX（〇一八）八六四—三三二三
＊

ISBN978-4-87022-573-2
地方・小出版流通センター扱